电视新闻直播报道

现场的叙事

崔 林◎著

中国传媒大学出版社

目　录 Contents

前 言

去年暑假里，北京电视台的一位制片人约我见面。她所在的节目中心要创办一档新节目，由于一位朋友的推荐，她想跟我聊聊电视新闻节目创新方面的话题。

我们在谈到节目流程体系的更新升级时说起了直播。这位制片人曾在多家电视台的新闻中心任职，有着丰富的电视从业经历。对于直播是电视新闻发展趋势这一点，她毫无疑义，但对于直播在当下中国电视新闻业中的状态，她却是疑问重重。

首先是直播的必要性。在她看来，现在很多电视台的直播都是“为了直播而直播”，“假模假式”。她举例说有很多会议新闻的报道，一定要让记者做现场报道，而现场又没有什么可以展示的内容，这种直播就是典型的“形式大于内容”。

其次是直播的性价比。据她的经验，每次直播都要投入大量的设备、人力、财力，但很多时候直播节目的收视率并不比传统的录播新闻高多少。在她看来，这样的直播就是“费力不讨好”、“劳民伤财”。

而最让她感到困扰的是，究竟怎样才能算直播？在她看来，直播一定要有现场，或者说一定要与新闻事件的过程同步，但事件发生总是在前，报道启动总是在后，很多直播就不可能呈现事发过程中的精彩瞬间。现在能够做到与事件同步的直播，大多是像奥运、“两会”等内容，而这种直播好像展示大于报道，跟以直播报道著称的一些媒体（如CNN、BBC）的做法好像还不是一回事。

显然，这位制片人的困扰在当下的电视新闻业界并不是个别现象，在这些年与业界的接触中，我深感对于直播的认识困扰着中国电视新闻实践的各个层面，成为这个行业进一步发展亟待突破的瓶颈。因此，我感到有将自己对于电视新闻直播的了解和思考尽快撰写成书的必要了。当然，这种感觉并非一时的心血来潮，而是这些年在教学科研和服务业界的过程中不断累积、不断强化的一种愿望。

首先是业界的变化。新世纪以来的十多年里，直播改变了中国电视新闻业的面貌。在此之前，直播已经让世界电视新闻业发生了彻头彻尾的改变。从技术系统到工作流程，从报道方式到叙述语态，从传播模式到管理机制，电视新闻实践的每一个层面都因直播而发生了前所未有的变化。

与业界的这种变化相适应，我所在的中国传媒大学电视系在全国率先开设了“电视现场报道”课程，后来扩展为“电视新闻直播报道”。为了建设这门国内最早、国外也不多见的课程，我曾到多家电视台调研，以了解我国电视新闻一线的运行状况。在赴美国密苏里新闻学院访学之际，我又重点考察了美国电视新闻直播的运作机制。在中国教育电视台新闻中心挂职期间，我参与了国庆60周年和上海世博会的直播报道，对电视新闻直播增加了很多切身的体会。

在电视新闻实践日新月异的同时，近年来电视新闻研究的理论和方法也在迅速更新。除了传统的新闻学与传播学之外，符号学、叙事学、解释学等被引入进来，为电视新闻的理论研究提供了新的路径。在本书写作的过程中，我也试图从这些新的视角来观察自己所了解的电视新闻直播实践，并尽量用国内外对比、参照互现的方式来表达自己的所思所想，真诚地希望这些思考有益于中国电视新闻的实践。书中观点浅陋之处，恳请方家不吝指正。

最后，感谢中国传媒大学电视系、文科科研处和出版社为本书提供的帮助。

感谢中央电视台、凤凰卫视、江苏卫视、美国NBC洛杉矶直属台等机构提供的资料。

感谢王进和余跃两位同学为本书整理材料。

感谢本书责任编辑王雁来对本书付出的热心、细心和耐心。

感谢家人的鼓励，夫人叶倩作为本书第一位读者，提出了很多建设性的意见，当然，她对本书的支持还远不止于此。

崔 林

2011 年冬

于北京通州潞苑

第一章

直播意味着什么

一、真直播与假直播

二、直播改变了什么

三、从“讲话”、“说话”到“对话”

直播，对于电视观众来说一点都不陌生。无论是重大新闻事件的现场直播，还是各种体育赛事的实况直播，或者是文艺表演的现场直播，都已是观众司空见惯的电视节目形态。在当今的电视节目体系中，直播已经成为一种主流的节目样式和制播状态。

那么对于电视节目制作者而言，直播意味着什么呢？仅仅是节目播出方式的改变？或者仅仅是把前方的画面通过卫星信号即时传送到后方？正如我们在本书前言中提到的那位制片人所遇到的困扰一样，对于直播，我们好像都知道是怎么回事，但好像又很难说清楚。

为了真正了解直播对于电视新闻和电视媒体的意义，我们首先从这些年来一直困扰中国电视新闻业界的一个话题谈起：真直播与假直播。

一、真直播与假直播

如今我国绝大多数电视台都有自己的新闻中心，他们大多都号称自己制作的新闻节目是直播状态的。这些新闻节目在播出时，主播首先说的一句话都是："这里是正在直播的××新闻，欢迎收看。"其中，最具代表性的节目，要算每天晚上七点在全国各综合频道和新闻频道播出的《新闻联播》。

无论在观众中的口碑如何，《新闻联播》都仍然是中国受众最多、收视率最高、最具权威性也最有影响力的电视新闻栏目。由于这档节目在中国电视新闻业中的特殊地位，其一点一滴的改动都被业界重视和放大，视其改革为业界发展的风向标。比如这几年节目改版后主持人的年轻化，就被视为其更为“亲民”的标志。

而对这档老牌的电视栏目来说，在这些年里更加重要的改革之一，就是将节目由以前的录播改为现在的直播状态。那么，这档节目备受业界看重的“直播”是一种什么样的状态呢？我们来看一条《新闻联播》播出的新闻：“各地齐心协力发展经济，以实际行动抗震救灾”。

表1—1

画　面	声　音
演播室： 郭志坚	一手抓抗震救灾，一手抓经济建设。全国各地正以百倍的努力投入经济生产中，力争把地震造成的损失减少到最小。
现场报道： 中央台记者：刘茁野	这里是青岛港四期工程的施工现场。在这里我们看到，从上海订购的四台集装箱吊车已经运到了这里，很快它们就将陆陆续续卸下来，安装在这几条已经铺好的轨道上，投入生产。
采访： 青岛港建设指挥部指挥：苏建光	这四台桥吊是当前世界最大也是最先进的桥吊，它们起吊的能力达到100吨，可以同时吊起4个集装箱。
	这些设备的安装意味着四期工程将提前一年完工。工程建成后，青岛港集装箱吞吐能力将翻两番，而在四期工程对面的集装箱码头上，今天有300多部装卸机械和400名职工投入到紧张的装卸作业中，创下日装卸新纪录。
采访： 青岛港职工：边清河	我们多抢运一吨物资，就是对灾区人民多一份支持。
采访： 青岛港职工：国立生	虽然我们不能人人都到一线去参加救灾，但是我们觉得在自己的岗位上干好自己的本职工作，也是对国家最大的贡献。

续表

画　面	声　音
	在各地努力发展经济支援灾区的同时，灾区企业也不等不靠，加紧恢复生产。
现场： 中央电视台记者：王威	我现在身处一个汽轮机的低压模块当中，这个重达250吨的大家伙是由东方汽轮机厂为大亚湾核电站生产的，东汽受地震影响，曾经一度停工，复工之后，他们加班加点。这套设备目前已经进入最后的总装阶段，将于10天之后发运。
	东方汽轮机厂是我国最大的电力设备生产企业之一，地震中受损严重，经过全力抢修，位于德阳市区的车间已大部分恢复生产，而在汉旺基地，工人们正冒雨把受损厂房中的设备抢运到德阳临时租借的厂房里，陆续开始生产。
采访： 东方汽轮机厂总经理：张志英	我们在德阳的风力发电、我们的核电、我们的百万机组，包括我们的燃气轮机，都已经全部开工了。
采访： 东方汽轮机厂职工：夏宇	能早一日投产，早一日恢复正常生产，我们也就早一天迎来我们美好的生活，正常的生活。
	在都江堰市的科技园区，40多家企业中已有14家基本恢复了生产。
采访： 宁酒机床附件有限公司总经理：江新	（这次灾害）政府给我们解决了很大困难，但是如果一味地依靠政府，那还要我们这些人做什么？所以我们必须要生产自救。

这是一条关于抗震救灾的组合式新闻报道，在这则新闻中，非常明显，演播室的主播处于直播状态，但除此之外的内容都是录播的。尽管节目中有记者在新闻事件发生地的出镜报道，并说自己在新闻事件发生的“现场”，但观众一眼就能看清这个“现场”不是直播中的现场，而是节目录制时候的现场。那么，这种“演播室直播＋节目录播”的形式能够称作“直

图 1—1

图 1—2

播"吗？显然不能，这种状态只能被称做"演播室直播"。

那么，什么样的节目能够称得上是真正的"直播"呢？我们也通过一个例子来了解：江苏卫视城市频道《绝对现场》2004 年 6 月 18 日播出的新闻"南京清凉门大街汽车自燃"。

《绝对现场》是江苏卫视城市频道的著名民生新闻栏目《南京零距离》的一个子栏目。从栏目的名称就可以看出它的主打是"现场直播"。我们通过这个片例来看看这个栏目的"直播"与之前《新闻联播》的"直播"有什么区别。

表 1—2

画　　面	声　　音
分屏："演播室"在左，"车自燃现场"在右	【主持人】冯凯你好。
现场切到全屏 冯凯介绍车的情况 （穿插另一个机位的机器拍摄的被烧汽车的状况）——镜头随着记者的介绍摇到	【冯凯】主持人你好，我现在就是在清凉门大街公交车站中心南村这一站附近。今天下午 5 点半钟，我们在采访的途中突然发现，这里有一辆夏利车自燃。那么现在这辆夏利车正在我的手边，大家看整个车已经被烧得面目全非了，就像一个被剔除了鱼肉的

续表

画　面	声　音
方向盘——摇到地面	鱼骨头一样，只剩下空壳。我们看这个方向盘现在只剩下一个铁圈了。那么除了在此能闻到很浓重的胶皮烧焦的味道，我这个脚踩在这个地表上，这个温度也是非常高的。那么当时车上只有车主吕先生，吕先生幸好非常及时从车上下来，所以身上没有什么大碍，只是烧焦了一些汗毛。那么当时我们是第一时间赶到了现场，并且拍摄下了自燃的全过程。来看一下这辆车是如何变成如此惨状的。
较早前录影： 车上拍到的车自燃画面 从自燃车拉回到陈浩，中景——推到自燃车——拉回到陈浩——摇到天上的浓烟	 【陈浩】观众朋友，现在是下午的5点40分左右，正在河西的管子桥附近，路边上的一辆轿车正在发生自燃，那我们注意到由于停在人行道上，所以给交通并没有造成影响。但是这辆车现在冒出的浓烟和熊熊火焰确实让周围的人感到非常的恐惧。
街头采访	【陈浩】从哪开始先烧起来的呢？ 【轿车车主】从前面那个油管开始漏油，漏油开始烧起来的。我想准备到那儿去买那个配件，准备到这边来的。 【陈浩】你发现什么时候烧的？ 【市民】大约是前十分钟。 【陈浩】十分钟以前。怎么烧的你看到了吗？ 【市民】自燃烧起来。 【陈浩】司机呢，当时？ 【市民】司机出来了，出来找灭火器。 【陈浩】找灭火器往外跑。
中近景：陈浩站在画面黄金分割点处做现场报道 切到车的画面，仍然是熊熊燃烧的大火	【陈浩】在这个火烧起来将近十分钟之内，这个火势仍然是非常大，所以目前我们即便是手边有灭火器也不敢上前对这个车进行施救。

续表

画　　面	声　　音
消防车入画 ——消防员灭火	【陈浩】到了下午的5点47分，我们的消防队的消防车终于赶到了现场，但是看到这辆车仍然是大火不断。
分屏："演播室"在左，"车自燃现场"在右	【主持人】真是好大的火，陈浩，我好像头一回看到轿车自燃能燃起这么大的火。
切到现场全景： 中景：记者站在右侧 ——摇到清凉门大街	【陈浩】是的，那么其实我们作为，碰巧可以说第一个赶到现场的媒体，我们亲历了这场大火，也从这个恐惧中间刚刚走出来。现在看到我身后的清凉门大街可以说是恢复一片平静，而消防队员的施救，整个过程20分钟多就把这个大火给扑灭。可以说这辆车是面目全非。我们对这个车主深表同情的同时，提醒我们所有的驾驶员，特别是这件事件。据说当时吕先生是从其中的一家汽配店到另外一家汽配店50米的过程中间，这辆车就发生了自燃，而且是烧得这样惨重。 【主持人】那么现在对这个轿车自燃的原因能不能探究出一点呢? 【陈浩】现在据吕先生介绍呢，事先就是为了修他这个水管漏油这样一个情况，来这条大街上来寻找汽配店的，那么可见所有的司机我们都不能大意，仅仅在50米的过程中间，发生这样一个惨祸，这辆车就是付之一炬。所以在夏天临近，类似这样的自燃事件还会增多起来，每位驾驶员肯定要多多检查自己的车辆，小心为妙，现场情况就是这样。
分屏："演播室"在左，"车自燃现场"在右	【主持人】好的，谢谢前方记者冯凯和陈浩。

这是一条对于南京市内突发的汽车自燃事件的新闻报道。在这则新闻中，除了演播室的主播是直播状态以外，其他的内容都是在演播室与记者的连线中报道给观众的。而对于不同的环节，节目还用字幕清楚地标

图 1—3

图 1—4

明了是“卫星连线”（如图 1—3）还是“较早前录影”（如图 1—4）。与上面《新闻联播》的报道相比，这则新闻好像只多了一个演播室与现场记者连线的环节，其他部分都是一样的，而且其中最核心的内容——汽车自燃的过程是“较早前录影”，在播出的时候已经是录播了，但记者站在烧焦的汽车旁进行报道还是能给人强烈的现场感。这种“演播室直播＋现场连线报道＋录制内容”的节目形式就跟《新闻联播》的“直播”形式非常不一样了，这样的电视新闻可以被称为真正的直播了。

通过上面两则新闻的对比，我们应该更清楚什么是真正的直播了。对电视新闻节目而言，真正的直播状态由下面几个要素决定。

第一，有现场才叫直播。现场是直播的第一生命，它具备吸引观众的核心力量。直播的过程中必须要有来自事件发生现场的实时信息，无论这种信息是正在发生的事件过程，还是记者站在事发地点进行的连线报道。

这里需要对“现场”这个概念涉及的两种状态作一点区分。有人可能会说，在上面《绝对现场》的例子中，记者与演播室进行“卫星连线”时，事件已经结束了，这种报道也不能称为真正意义上的“直播”。如果以绝对的、狭隘的眼光来看，这种说法是正确的，但在电视新闻的实际操作过程中，对于不同的新闻事件而言，“现场”这个概念有着不同的内涵。按照电视新闻报道的实际过程来说，它可以分成两个方面：一个是事件正在发生的过程，这种过程是观众最想看到也是电视记者最需要去呈现的内容；另一个则是进入报道过程的现场，也就是记者站在事发地点进行报道的“现场”。

有的事件持续时间很长，记者就有充分的时间赶到现场，在镜头前对正在发生的事态进行实时的直播报道，这对于记者来说是最理想的情况。比如“9・11”事件发生之后，BBC的记者站在曼哈顿的河对岸，背景是正在冒着浓浓黑烟的世贸大楼，这就是非常典型的直播报道。但是，也有很多突发事件持续时间很短，记者赶到时事件已经结束了，这时记者所能够利用的“现场”，只能是站在事发地点进行连线的直播报道。

其实大多数电视新闻的直播报道都只能是后面这种情况。由于事件总是发生在前，新闻总是报道在后，所以很多时候记者赶到事发地点时，最重要的新闻事件过程已经结束了，记者可做的只能是在事发地点与演播室实时连线。这就是新闻报道的遗憾，也是对记者提出的挑战。记者总是希望在第一时间之内赶到现场进行报道，但在实际报道过程中又要根据事件的具体情况进行灵活的调整，尽可能使自己的报道更具现场感。

第二，有连线才叫直播。看起来好像非常简单的连线，却会对电视新闻直播节目的效果产生非常重要的影响，它是节目获得“现场感”的重要环节，也是电视新闻节目直播化的关键步骤。正是连线报道这种形式将后方（演播室）与前方（新闻事件现场）联系起来，使得观众产生了跨越空间同时共享异地信息的强烈感受。

对于观众而言，“直播”的核心内涵正在于“异地同时的信息共享”。直播将电视新闻报道的时效性提升至最强，意味着观众可以在事发之后的最短时间之内获知事件的直观信息。

在这里需要指出的是，时效性其实并不是一个单纯的时间概念，而是一个“速度”概念，是空间与时间的比值，空间为分子，时间为分母，空间相隔越大，时间相隔越小，时效性就越强，因此，时效性的最终诉求是要让信息在短时间内跨越空间。从节目形式上看，正是连线报道这种方式让最强“时效”和最快“速度”可观可感。上述两个电视报道在节目形式方面最大的不同，其实就在于《绝对现场》有演播室与现场的直接连线，《新闻联播》则没有。

第三，“演播室直播”是“假直播”。仅仅是演播室的播报环节处于直播状态，这样的电视新闻节目还不具备直播的真正内涵，以历史的眼光来看，它其实是我国电视新闻节目向真正的直播迈进过程中的一种过渡形态。

以《新闻联播》为代表，在我国电视新闻业界广泛存在的“演播室直播”现象也可以算得上是一种中国特色。这种现象的背后有着多方面的复杂原因，不是简简单单的一个“假直播”就可以概括的。从客观上说，中央电视台从 1997 年香港回归直播报道以来，在重大新闻事件的直播报道方面逐渐成熟，但对于突发事件的日常直播却一直难以突破，一个现实的原因在于中央电视台在各地方的力量薄弱，除非发生影响全国的重大事件，否则事发之后从北京总部派记者赶过去进行直播报道并不现实。

另一方面，中央电视台的新闻节目覆盖率高、影响力大，尤以《新闻联播》为甚，中央电视台在日常新闻直播方面就会非常谨慎。同时我国的新闻宣传制度又是直接管理的方式，事件发生之后要报上级管理部门批复，一来二去，直播的时机也就过去了。

在种种因素的制约下，尽管明知直播是电视新闻报道的大势所趋，但也只能“从实际出发”，先让演播室等一个个环节先行“练兵”而不是“实战”，让可能改变的环节先作准备，为日后全方位的直播化改革打下基础。

而自从2008年汶川地震之后，中央电视台在日常新闻直播化方面的推进步伐加快，应该说也是建立在之前多年“练兵”的基础之上的。

通过对“真直播”与“假直播”的探讨，我们对于“现场”、“直播”的基本内涵应该更为清楚，明白真正的直播意味着什么了。不过，这还只回答了本章“直播意味着什么”这个问题的第一个层面。

对于中国电视新闻业，对于电视新闻节目制作者而言，直播显然还意味着更多，它是彻头彻尾、翻天覆地的全方位改变。

二、直播改变了什么

直播不仅仅是录播的反义词，还意味着电视节目制作体系的全方位改变，它改变了电视新闻的传播模式、传播语态、叙述方式、制作流程、技术设备、思维方式、监管体系。如果我们只将直播作为一种节目呈现方式、一种播出形态来简单化理解，就无法真正理解直播的精髓，无法使电视新闻的实践和观念跟上直播时代的步伐。

在这里要强调的是，直播带来的是一种完全不同的电视发展思路，同时也使传统的电视节目内容监管体系面临挑战。可以这样说，目前中国的电视新闻在直播节目方面表现出的种种问题，在很大程度上源于将直播仅仅作为一种播出方式或是技术手段来片面理解，从而导致在节目流程、人员配备、技术升级、内容监管等各个环节难以正常运转。

这种对于直播的片面理解非常集中地体现在对“民生新闻”这一现象的观察和判断上。

1. 直播驱动民生新闻

我们前面看到的《绝对现场》是著名民生新闻节目《南京零距离》的一个子栏目。自2002年1月1日在江苏卫视城市频道开播之后，《南京零距离》迅速成为南京地区收视率最高的电视新闻节目。到 2004 年，其广告被独家买断，达到 1 个多亿，成为全国地方台广告收入最多的新闻节目。《南京零距离》的成功引发全国各地方台争相模仿，“民生新闻”一时蔚然成风，成为备受瞩目的电视现象。

民生题材的本地新闻一直以来都是各地方电视台新闻栏目的固有内容，为何一经《南京零距离》报道就获得了完全不一样的广告收益呢？而让人深思的是，大量模仿《南京零距离》的“民生新闻”在红火了几年以后大多偃旗息鼓，而开“民生新闻”风气之先的《南京零距离》却一直活得很好，说明“民生”这一提法似乎并没有点出这种电视现象的重点。

对于《南京零距离》及其成功的模仿者来说，比“民生”题材更为重要的，是在电视新闻节目制作过程中采用了跟以往完全不一样的方式，才使得民生题材的新闻产生了完全不同于以往的传播效果。大量单纯报道民生新闻的栏目大多走进了死胡同，也正是因为没有在制作方式上进行革新。这种制作方式就是以 SNG 技术为基础的电视新闻直播报道。

仍然以之前那条轿车自燃的新闻为例。从这条新闻的拍摄时机来说，你可能觉得摄制组足够“幸运”，因为车正在自燃的时候让摄制组“逮个正着”。确实，对于电视新闻制作者来说，能够目睹突发新闻发生发展的全过程并进行报道确实足够幸运，但是，如果一档栏目中的大多数节目都是这样的内容，那么要保证节目的正常播出，就不能只依赖摄制组的好运气，而是必须有一个稳定运转的制作体系，这个体系能够保证每天有大量的新闻内容按时输送到播出机房。上面这条新闻的拍摄者之所以能够如此幸运，是因为摄制小组处在“巡逻”状态，他们在事发后五分钟内就赶到了现场。摄制小组的“巡逻”状态正是《南京零距离》不同于以往地方新闻节目制作的特点，也是民生新闻能够获得高收视率的保证。

在录播的时代，电视新闻的制作过程大致是这样的：摄制组在电视台接到了新闻线索或是报道任务，赶到新闻发生地点采访拍摄，再回到电视台进行编辑制作，最后将做好的节目送播。这种传统的节目制作方式存在的问题在于，记者从电视台赶到事发地点需要较长的时间，如果是一个持续时间很短的突发事件，等记者赶到事发地点时，“现场”已经不复存在，新闻报道的最佳时机已经错失，这对于电视新闻而言是一个极大的遗憾和难题。

正是意识到这个问题，《南京零距离》不再采用这样的方式来制作新闻。为了保证每晚 6 点播出时都能够有大量的直播新闻出现，这个栏目每天下午 3 点左右会根据之前搜集的新闻线索派出几路 SNG 小组，在南京市区“巡逻”(他们自己的说法是“扫街”)，每个小组负责几片街区，一旦自己的地盘上有突发新闻，他们就能在最短的时间之内赶到，拍摄制作新闻节目，并在节目播出时与演播室进行 SNG 连线，完成对突发事件的直播报道。

到这里我们可以明白，《南京零距离》作为所谓“民生新闻”的代表，尽管在节目题材的选择上确实以民生内容为主，但其实质性突破和创新之处并不在于“民生题材”，而在于采用了完全不一样的技术手段和报道方式来处理“民生新闻”。甚至可以这样说，“民生新闻”这种提法是对《南京零距离》为代表的一批电视新闻节目的一种误读，这种说法没有指出这一现象的重点所在，并在很大程度上遮蔽了中国电视新闻在直播化道路上的努力和成果。

为了更为清晰和深刻地理解这一点，我们来看另外一个例子，《南京零距离》播出的节目《芦强巴基斯坦连线》。

表 1—3

画面	声音
分屏: 左屏是"芦强在巴基斯坦现场",右屏是"演播室" 两屏上方的字幕: "SNG 连线"	【孟非】芦强你好! 【芦强】你好孟非! 【孟非】你现在背景是什么位置?能介绍给我们吗?
切到现场全屏 字幕:"卫星连线"	【芦强】我的背景大家一定非常熟悉,经常会听到巴基斯坦这次南亚的地震重灾区,位于巴控克什米尔的穆萨法拉巴德市。也就是巴控克什米尔的中心城市。看到这个背景应该很清楚,大家打着灯,这是一个废墟,但是这处废墟不是最严重的,孟非能看到?
分屏: 左屏是"芦强在巴基斯坦现场",右屏是"演播室" 两屏上方的字幕: "SNG 连线"	【孟非】能看到。灯光还可以。今天有最新的情况介绍给我们吗?
切到现场全屏 字幕:"卫星连线"	【芦强】昨天在电话连线的时候告诉大家,我的情况不是特别好。从伊斯兰堡前往重灾区巴拉克特市的时候,路上非常堵,(我们)堵在了车上,于是我们就做好了连夜住在车上的准备。好在下午的时候由于当地警察的疏通,路就通了。然后晚上的时候,好在我们跟中国国际救援队取得了联系,非常顺利地找到了他们,也采访到了一些情况。中国国际救援队非常欢迎我们江苏的媒体抵达地震灾区一线,对他们的情况向国内做详细的报道。昨天我们也参加了中国国际救援队作为协调人的国际救援组织的联席会议,会议一致决定,从今天开始各国的救援队都停止在灾区的搜索,因为到现在为止,8 号的重灾过去之后,已经 6 天了,每一个地震专家都分析在这个时候想要在废墟里面继续找到生还者的可能性已经非常小了。那么我现在所在的位置是巴控克什米尔的穆萨法拉巴德市,我们是在当地时间 12 点左右的时

续表

画　　面	声　　音
	候从巴拉克特市驱车绕着这个非常难走的山路抵达这里的。大家看到这里的废墟的情况整个的可能和巴拉克特市没有办法比,因为你看到后面整个废墟有的建筑还立着,如果你看到巴拉克特市的废墟,就会非常吃惊了,所有的建筑都趴在了地上,这个地震对巴拉克特市的毁坏可以说是毁灭性的。那么有关这两天的我们在巴基斯坦的整个采访的情况,我做了一个稍微简洁一些,比较详细的现场报道的剪接,我们来看下早前的 VCR。孟非。
字幕:较早前录影 芦强和中国的救援队员见面	【芦强】嗨,您好! 南京的,哦,没事! 终于找到你们了! 【队员】去我们营地了吗? 【芦强】没去呢!
女救援队员和翻译聊伤员的情况 翻译翻译给当地居民	【女救援队员】一会儿给她,她吃完以后,慢慢儿的红就会收了。好吧。 【翻译】……
中景:芦强采访男救援队员	【男救援队员】这小孩儿刚才她说了,发烧,单纯发烧,前两天下雨了,所以可能是感冒了,所以她有点儿咳嗽呢,最好给点儿抗生素。
中景:芦强晚上在营地做现场报道	【芦强】夜幕降临的时候,我们终于到达了中国国际救援队在这次巴基斯坦地震灾区的震中位置巴拉克特所设的营地,在这里可以看到,其他各国在这里设的营地都没有中国国际救援队在这里设的营地大,而且据说在这个营地,大家配置的所有的东西都非常先进,而且在这次发挥的作用也非常大,起到国际救援组织的协调人的这样一个作用。马上,第二次的联席会议就要召开了。
联席会议的情况	

续表

画　面	声　音
中景：芦强做现场报道 镜头摇到协调人在合影，摇到照相的记者们	【芦强】中国国际救援队担任协调人的第二次国际救援联席会议结束之后，各国的协调员站在了一起合影。这代表了一个非常重要的时刻，大家的协调工作聚合在了一起，可能对灾区的救援工作有更大的帮助。
近景：采访国家地震局副局长赵和平	【赵和平】比如说昨天的协调会上，我们经过讨论，一致决定从今天开始，停止全面的搜索营救行动，因为今天已经进入了地震以后的第 6 天，幸存者存活的希望越来越渺茫。搜救的难度越来越大，所以我们各个救援队都是要统一协调的。
中景：芦强白天在营地现场报道	【芦强】今天是 10 月 14 号，距离南亚大地震已经过去 6 天了，到今天为止，我们看到中国国际救援队的所有队员们依然士气高涨，大家表示一定要尽其所能地一如既往地帮助巴基斯坦巴拉克特地震重灾区的灾民们度过这个困难的时期，城市频道记者芦强、陈家斌在巴基斯坦地震灾区一线的报道仍将继续。

按报道取材范围来划分，新闻可以分为本地新闻、国内新闻和国际新闻。按常理，《南京零距离》是一个以南京本地观众为目标收视群体的“民生新闻”栏目，其内容自然而然应该是“本地新闻”，但上面这条新闻的题材显然不是本地新闻，而是国际新闻。

其实，《南京零距离》在国际新闻报道方面的作为还不止于此，除了在南亚大地震时派出报道组之外，在之前的印度洋海啸和之后的美国“9·11”五周年之际，栏目也派人赶赴现场进行了专门报道。而且出人意料的是，这些看似出格的举动居然受到观众的认可和欢迎，在对这些国际新闻事件进行报道时，这个栏目获得了很好的收视回报。

图 1—5

作为地方电视台的本地新闻节目，去报道国际新闻，这在我国电视新闻业界是一件挺“出格”的事情。因为按中国新闻报道的惯例，国际新闻通常是由中央电视台、新华社、中国国际广播电台等大的媒体机构来报道的，是他们盘子里的蛋糕。一个以南京市民为目标观众群体的本地新闻栏目，为什么会派出记者去做国际新闻的报道呢？

对电视新闻栏目来说，作出这样的选择其实很简单。国际重大新闻事件是全球关注的焦点，它们天然地具备吸引观众眼球的力量，是电视新闻报道的“富矿”。电视台只要有力量、有需要就会投入人力、物力、财力进行报道，没有哪一个电视台的新闻中心只愿意报道民生新闻而不愿意报道国际国内的重大事件的。《南京零距离》之所以会派记者芦强赶赴巴基斯坦地震重灾区，就是因为这些事件同样是南京市民关注的新闻，而当有他们熟悉的记者出现在新闻事件的现场，并且强调这是南京的媒体发回的报道，他们就更觉得这是专门为南京市民制作的国际新闻，会更加关注这档节目，栏目因此自然会获得更好的收视回报。显然，在各电视台还在纷纷学习模仿其“民生新闻”时，《南京零距离》并没有把自己的题材限定在“民生”范围之内，而是不断开疆拓土，对国内和国际重大事件保持了关注，这更说明“民生”没有指出其重点所在。

当然，《南京零距离》等一批地方新闻栏目的崛起，不仅仅因为采用了全新的电视新闻直播制作方式。这种现象的背后，是最近十多年里中国电视新闻业在行业生态和格局上发生的前所未有的变化。正是这种格局的变化，促使地方电视台积极采用全新的直播制作体系，来对各地民生题材的新闻进行报道。

我国电视业的格局以20世纪80年代确定的“四级办电视”为基础。在这个格局中，电视机构按照行政级别设立，中央、省和自治区、地市、县都有相应级别的电视台，尽管近些年来这种行政主导的格局有所调整，但大的格局并没有发生根本性的改变。由于电视台所属的宣传管理机构之间存在着上下级别的关系，因此，电视台的新闻节目制作也呈现出下级模仿上级、地方模仿中央的状态，“向上看齐”、“求同”是我国电视新闻节目制作的主要思维模式。这种状态的具体表现就是中央电视台有《新闻联播》，地方台也有《××新闻联播》；中央电视台有《焦点访谈》，地方台也有类似的舆论监督节目。这种格局直到世纪交替前后才开始发生实质性的变化。

从上个世纪末期开始，中国的省级电视台纷纷“上星”，成为覆盖全国的卫星电视频道，观众群体与中央电视台重叠。省级电视台的卫视化、全国化使得中央台与地方台之间、地方台与地方台之间的竞争迅速白热化，而竞争最激烈的领域主要集中于电视剧、综艺节目和新闻节目。

与电视剧和综艺节目相比，电视新闻与意识形态的关系更为直接和密切，宣传和广电部门的相应管理也更为严格，使得电视新闻领域的竞争不可能像电视剧、综艺节目那样白热化。这种体制有利于中央电视台继续在新闻领域保持一段时间的强势，不过此时竞争已经成为电视业的主要观念，地方台必然要与中央台在新闻领域展开争夺。尽管电视新闻栏目依然要担负宣传职能，但进入市场后的电视新闻机构在发展思路上必然发生质的变化，要在市场竞争中存活，地方电视台的发展思维就不再是力争与央视“求同”，而是“存异”。正所谓“尺有所短，寸有所长”，中央电视台的优势主要是全国新闻和国际新闻，对各地的本地新闻则鞭长莫及，难有作为，地方台正好利用自己的长项乘势而起。

对地方新闻（尤其是突发事件）的报道一直是中央电视台的软肋，这种状态是多方面原因造成的。从主观方面来说，中央电视台的新闻面向全国观众播出，地方新闻中只有具备全国影响的事件才会成为其报道内容，大量的本地新闻不会成为其关注的题材。而从客观上讲，则有一些不得已的原因。一方面，在我国按行政级别划分的电视系统中，中央电视台在各地并没有大量的记者站或者直属机构，某一地方发生新闻后，中央电视台不可能很快赶到现场，更谈不到进行直播了。另一方面，中央电视台的新闻节目由于影响力大，受到的管控就更为严格，尤其是对具有全国影响的突发事件的报道，需要经过相关部门的层层审批，而突发新闻的直播报道要的就是反应快，等一级一级审批下来，新闻早成了旧闻，更不要谈什么直播了。因此，对地方新闻尤其是突发事件的报道一直是中央电视台难以弥补的弱项，是其难以触及的空白地带，而这恰好成为地方电视台可以与中央电视台竞争的地方，是其新闻节目的生长点。

当然，地方电视台对本地新闻的直播同样受到宣传管理部门的管控，一些重大事件的报道同样需要经过审批，不可能在第一时间进行报道。在这种情况下，地方台对本地新闻的直播就只能大量地选择家长里短、鸡毛蒜皮的小事，这些小事受到的管控弱，可以进行更多的直播，就能够发挥电视媒介在新闻报道方面的最大优势，获得最大化的收视效果，从而给电视台带来丰厚的广告回报，这就是所谓“民生新闻”现象产生的根源。所以说，民生题材之所以成为《南京零距离》等一批本地新闻栏目的主要内容，其实是一种不得已的选择。

因此，“民生新闻”是在中国电视新闻业格局发生根本变化的背景下，地方电视台为应对商业竞争与新闻管制的双重压力而选择的一种电视新闻节目形态，其中，直播是其最直接的驱动力。

2. 直播改变中国电视新闻业

以《南京零距离》为代表的"民生新闻"是直播改变中国电视新闻业的一个明显表征，如前所述，它改变了多年来地方电视新闻"向中央看齐"的运作模式、发展思维和节目形态。目前，这种变化正随着SNG设备的普及而对中国地方电视新闻业产生愈发深刻的影响。

由于直播在提升地方新闻收视上的明显效应，近十年来，各电视台掀起了购买SNG设备的热潮。笔者听一个县级台副台长讲过他们单位购买SNG车的故事。几年前，这个县级市举办了一场国际博览会，在开幕式隆重举行时，省台、市台和周围一些电视台的SNG车到现场来进行直播报道，市委书记看了很不高兴，他说我们市也是全国百强县市嘛，难道一台SNG车也买不起吗？博览会还没结束，购买SNG车的专款已经拨到了电视台，这位副台长于是很高兴地来到北京，买了他们梦寐以求的SNG设备。

这种故事在过去的十多年里应该不会只在这一个地方电视台发生。据了解，在过去十年中，随着SNG设备数量的迅速增长，各地方电视台之间已经开始形成松散的SNG联盟，各台在此组织中可互通有无，借助其他电视台的SNG设备和人员完成自己需要的新闻节目，从而形成了一种新的地方电视新闻的制作体系与合作格局。

为了应对地方电视新闻发展的强势状态，弥补自己在国内新闻直播报道方面的不足，2008年12月21日，中央电视台牵头成立了"中国电视新闻直播联盟"(英文简称为CSNG)，包括一些县级电视台在内的全国50家电视机构加入其中，成为国内最大的单体电视新闻资源收集与播发平台。这一平台投入运行后，中央电视台便可利用地方电视新闻资源，逐步实现全国电视新闻直播的常态化。

当然，作为中国电视业的龙头，中央电视台在新闻直播领域的实践并不从这时开始。其实自上个世纪末以来，央视一直非常明确地将直播作为新闻改革的方向和主轴。不过与地方电视台的新闻直播以民生题材为主形成鲜明对比的是，中央电视台的直播更多地集中于重大事件领域。

在央视近年来对重大事件进行的新闻直播中，最具突破性的年份是1997年。这一年，中央电视台先后进行了6次大规模的直播活动，分别为：3月9日“日全食—彗星天象奇观”直播、3月18日“南昆铁路全线铺通”直播、4月24日“中、俄、哈、吉、塔五国边境裁军协定签字仪式”直播、6月30日至7月3日“香港回归”直播、10月28日“黄河小浪底水利枢纽工程截流合龙”直播，以及11月8日“三峡工程大江截流”直播。以这一系列大型直播节目为标志，中国的电视新闻直播开始活跃起来，这一年也因重大事件直播频繁出现而被称为中国电视的“直播年”。

在1997年央视的6次重大直播中，尤其具有标志性意义的是香港回归时的直播报道。中央电视台进行了72小时的连续直播，创造了我国电视新闻直播时长的一个新纪录。整个直播对香港回归进行了持续性的综合报道，实现了以主会场为载体、事件背景和新闻“故事”为支撑的直播新形式，使中央电视台的直播报道迈上了一个新的台阶。

尽管这次直播过程仍有不少缺憾，但为规模空前的香港回归直播所做的技术准备，使得中央电视台在直播技术装备上迅速进入世界最高水平行列。在中央电视台为了香港回归直播购置的一系列设备中，最核心的是两台8讯道的大型地面移动卫星上行站，在中央电视台拥有这两台设备之前，世界上同样的设备一共只有9台。尽管央视香港回归直播的内容组织离世界一流水准还有一定的差距，但从此中国的电视观众对重大事件发生时的电视新闻直播充满了期待，这种期待也成为此后中国电视新闻直播发展的强大动力。

1997年以后,中国电视新闻业进入了一个注重直播的时期,直播逐渐成为重大事件发生时中国电视新闻的常态。澳门回归、马拉松赛、珠峰登顶、连战大陆行、春节两岸包机直航、神舟飞船升空、奥运等等一系列重大事件都以直播的方式与观众见面。

不过,中央电视台对这些重大事件的直播与《南京零距离》等民生新闻栏目所做的直播有着明显的区别,因为这些重大事件绝大多数都是可预知事件。对于电视新闻而言,可预知事件的直播无论从新闻价值还是商业价值方面衡量,都无法与突发事件直播相提并论。可预知事件直播意味着事件发生前就已经知晓,电视台可以提前组织力量,做好方案,安排好流程,守株待兔式地进行直播。这种直播带给观众的刺激远远不及突发事件,不仅难以发挥电视媒体的最大优势,也难以体现新闻从业者的水平。

在最具挑战性的突发事件直播领域,央视一直难以有所突破。尽管1998年8月湖北荆州抗洪时,中央电视台先后派出近400人的报道队伍和22个对外报道组赶赴现场,进行了直播报道,但这次直播还不能看做严格意义上的突发新闻直播,因为在此之前对抗洪的报道已持续多日。在2001年"9·11"事件发生时,中央电视台的表现更是饱受诟病。尽管多家国际知名的电视机构立即中断了正常播出的节目,将画面切换到冒烟的五角大楼和世贸大厦的残墙断壁上,但中央电视台却纹丝不动地继续着原来的节目安排。

这种情况直到2003年才有所改观。这一年的5月1日,央视新闻频道试播,在随后的8个月里,央视新闻频道直播报道累计达到700个小时,比前一年的60多个小时增加了10倍多。在2003年伊拉克战争打响时,央视反应迅速,立即启动了多个频道的联合直播。伊拉克战争爆发于北京时间3月20日10时33分,中央电视台第四套节目在10时41分40

秒开始直播，报道时间只比 CNN 晚了不到一分钟，比香港凤凰卫视则快了一分钟，一举拔得华语电视媒体报道伊拉克战争的头筹。央视一套也于 10 点 43 分 19 秒开设了战事直播窗口，甚至一反常规，破天荒地取消了当天中午的《新闻 30 分》。

新闻频道的设立和伊拉克战争直播的实践为中央电视台新闻直播的常规化发展创造了条件。央视新闻频道之后的多次改革都以突发事件直播为主要方向，这种努力到 2008 年终于取得实质性的突破。具有突破意义的关节点是 2008 年汶川地震直播。这次重大突发灾难性事件于 5 月 12 日 14 时 28 分发生后，中央电视台在 15 点整点新闻中第一次播报了地震发生的消息，15 点 20 分央视一套综合频道和新闻频道中断其他节目的播出，对灾情和全国军民抗震救灾的英勇壮举进行全天 24 小时名为“抗震救灾众志成城”的大型并机直播。这次直播不仅创造了中国电视新闻直播报道时长和报道规模的历史纪录，同时也使得直播成为央视新闻的常态样式。在此后 2009 年新闻频道进行的改革中，“新闻直播间”成为常规栏目，新闻直播成为央视新闻真正的常态。

除了地方台和中央台，如果要谈直播对中国电视新闻业的改变，凤凰卫视这个有点特殊的媒体就不得不提。与地方台和中央台相比，成立于 1996 年的凤凰卫视可谓资历薄、根基浅，由于凤凰卫视从管理属性上划分是境外媒体，其落地受到限制，节目覆盖的观众数量跟地方台和中央台没法相比。但是，凤凰卫视利用自己所处的特殊地理位势和作为境外媒体所受管控较弱的优势，在一系列国际国内事件的直播报道中迅速崭露头角。甚至可以这样说，对国际国内重大事件的直播成就了凤凰卫视。

凤凰卫视在 1997 年同样对香港回归进行了直播，但真正使凤凰卫视声名远播的是其对“9・11”事件进行的直播报道。2001 年 9 月 11 日美国东部时间上午 9 时，两架客机先后撞向纽约的世贸中心。“当时，凤凰卫视中文台与资讯台并机直播的《时事直通车》接近尾声,值班主播吴小莉已经准备结束工作,值班编辑递给她一张纸条,要求她留在主播台,先用口播的方式报道并且配以纽约传来的直播画面,第一时间向观众报道纽约以及华盛顿发生了惊人的恐怖袭击事件,由此揭开了凤凰卫视连续35个小时直播'9·11'事件的序幕。"[①]在对"9·11"事件进行报道的过程中,凤凰卫视的画面不仅成为多家华语媒体的报道来源,而且建立了自己在全球华语观众中的声誉。"9·11"事件的直播对凤凰卫视而言可谓名利双收,在这次直播之后,凤凰卫视的广告总额上涨了5%。

在此之后的一系列国际国内突发事件中,凤凰卫视对直播报道更加重视,在对国内和国际重大事件的新闻报道中,充分发挥了自己在新闻报道方面的优势。阿富汗战争、伊拉克战争、连战大陆行、别斯兰人质事件等直播令凤凰卫视声名鹊起,赢得了"有大事看凤凰"的口碑,直播也逐渐成为凤凰卫视新闻报道方式的第一选择。到2010年,凤凰卫视资讯台在一年中就进行了115次突发新闻直播和67次焦点事件直播,几乎每三天就有一次突发新闻直播或焦点直播。对于凤凰而言,直播已经成为其新闻报道的基本运作方式和常规报道样式。

经过以上的梳理我们可以看到,无论地方台、中央台还是作为境外媒体的凤凰卫视,在最近十多年的新闻改革与发展中都明显地受到了直播的推动,它们共同说明了一个简单的事实:直播改变了中国电视新闻业。

3. 直播改变世界电视新闻业

如果说直播在最近的十多年里改变了中国电视新闻业的面貌,那么在此之前,它早已令世界电视新闻业的格局彻底改观。

---

① 何亮亮:《凤凰卫视的新闻运营》,《电视研究》2011年第4期,第25页。

20世纪40年代末50年代初，以美国为代表的西方发达国家就已经开始了电视新闻直播。二战以后，在肯尼迪遇刺案、人类首次登月、越南战争等一系列重大新闻事件中，美国各家电视网提供的新闻直播都令观众难以忘怀，成为美国乃至全球观众共同的时代记忆。在这些新闻事件中，改变电视历史的直播是肯尼迪遇刺案。

1963年11月22日，肯尼迪在达拉斯遇刺，事发之后的10分钟之内，美国三大电视网（CBS、NBC、ABC）全部中止了正在播出的游戏和肥皂剧节目，开始对这一突发事件进行直播。CBS的资深记者沃尔特·克朗凯特（如图1—6）表情严肃地出现在电视屏幕上，向全国通报了总统遇刺的消息，成为这个年代的新闻经典，在达拉斯现场抢发这条新闻的年轻记者丹·拉瑟（如图1—7）后来也成为CBS最为知名的主持人之一。[①]在对肯尼迪遇刺案进行直播报道的过程中，电视新闻在传播时效和影响力上明显超过了报纸和广播，从而确立了对这两大传统媒体的竞争优势。

图1—6

图1—7

真正带领全球电视新闻业走进SNG时代的是CNN（美国有线电视新闻网）。这家媒体的崛起改变了电视传播新闻的方式，使得电视新闻的

① 王纬：《镜头里的“第四势力”》，北京广播学院出版社1999年6月版，第17页。

报道和传播方式发生了根本性的变化。CNN 开播于 1980 年 6 月，是美国第一个全新闻的频道，创立之初只有 200 万家庭看得到。当时的批评人士认为，美国观众对 24 小时的新闻频道不会感兴趣，他们给 CNN 起了一些充满嘲笑意味的名字，如“视觉墙纸”或“鸡汤面频道”。但 20 年以后，CNN 已经成为在全球电视新闻版图中举足轻重的媒体，全世界有 20 亿人可以看到它的节目。

图 1—8

1991 年对海湾战争的直播报道让全世界对 CNN 刮目相看。在美国展开对伊拉克的军事行动之后，CNN 第一个发出现场报道并连续 17 小时直播了巴格达遭空袭的画面，其收视率一举打败了三大传统电视网 CBS、NBC、ABC，而在平时，其收视率很难达到三大网的十分之一。《华尔街日报》报道说，由于 CNN 报道海湾战况既迅速又充分，它的收视人数激增，在欧洲的收视率从 15%飙升至 85%，成为与美国三大广播公司并列的第四位电视传媒巨人。

图 1—9

CNN 的崛起彻底改变了电视新闻的传播模式，从此，直播成为电视新闻的主要呈现方式，也成为各大电视新闻媒体竞争的焦点。CNN 的成功催生了一批 24 小时新闻频道的诞生，英国天空新闻频道（1989 年）、BBC 世界新闻频道（1995，如图 1—9）和半岛电视台（1996，如图 1—10）等纷纷建立，欲与 CNN 一争高下。在

20 世纪八九十年代，西方各主要媒体都开始了在电视新闻直播领域的竞争。即使是新近崛起的半岛电视台，也是在直播技术与模式的直接推动下，在卡塔尔这一中东弹丸小国成长为影响遍及全球的媒体巨人。

图 1—10

半岛电视台建立于 1996 年，在短短的几年时间里迅速成长为阿拉伯世界和全球范围内重要的电视新闻媒体。在“9·11”事件之后的阿富汗战争中，半岛电视台几乎垄断了人们最关心的有关这场战争的讯息，这家媒体自身也成为全球关注的焦点，被称为“海湾的 CNN”，“阿拉伯的 BBC”。而早已誉满全球的 CNN 在阿富汗战争期间却深陷于美国的官方舆论中不能自拔，在对这次战争的新闻报道上完全败给了半岛电视台。在之后的伊拉克战争等重大国际事件中，半岛电视台因其提供的新闻报道而备受关注，成为世界电视新闻版图中的重要一极，开始与 CNN、BBC 平起平坐，成为国际电视新闻内容的重要提供者。

半岛电视台的成功，除了其所处的地理位势和它能够提供一些特殊的内容（如本·拉登的录影带）等因素之外，直播同样是不可或缺的重要因素。有学者在分析其成功经验时曾谈到，“半岛电视台以快速播送全球各地的即时新闻和组织主题尖锐的国际政治辩论为主。它的特点是时效性非常强，节目覆盖面广，坚持放眼全球的原则，以互动性极强的直播节目吸引观众参与”。①

无论是早已成名的 CNN，还是新近崛起的半岛电视台，都让我们看

① 苏克军、赵彬：《小国家 大媒体》，《读书》2003 年第 5 期。

到，近半个世纪以来，直播的加强是电视新闻传播实践领域最重要的变化之一，它深刻地改变了世界电视新闻业的竞争格局、赢利模式和发展方向。

与世界媒介发达国家相比，中国电视新闻业对直播技术的应用相对较晚，但即便如此，直播已经令中国电视新闻业产生了彻头彻尾的改变。除了制作技术和节目形态上的明显改变以外，直播给中国电视新闻业带来的更深刻的变化，在于传播“语态”的嬗变以及传播“范式”的升级。对于这种“语态”和“范式”的变化，当我们回望中国电视新闻业半个多世纪以来的发展轨迹时，就看得更为清楚。

三、从“讲话”、“说话”到“对话”

中国电视从上世纪50年代末起步，到现今形成拥有2000多个频道、近13亿观众的潜力巨大的电视市场，与半个世纪以来中国的经济发展、政治体制、文化环境等多方因素息息相关。如果抛开外部因素不谈，仅从媒体传播“范式”①的转换和变迁来看，至少有三方面的因素在中国电视新闻半个多世纪的发展历程中起到了决定性的作用：一是制作技术，二是节目形态，三是传播“语态”。

在决定传播范式的这三大因素中，制作技术是物质基础，节目形态是表现方式，传播语态则是语言观念。这三者彼此关联，相互作用，共同推进或是制约着电视新闻业的发展。从一定程度上说，电视新闻业从一个阶段向另一个阶段的转化，正是这三大因素同时或渐次变化的结果。

在传播范式的这三个方面发生变化的时候，制作技术与节目形态的

---

① 范式是指“特定的科学共同体从事某一类科学活动所必须遵循的公认的‘模式’，它包括共有的世界观、基本理论、范例、方法、手段、标准等等与科学研究有关的所有东西”。见库恩：《科学革命的结构》，北京大学出版社2003年版。

变化常常表现为具体的物质形态转化，较易为人察觉和识别；传播语态的变化则发生在观念和语言层面，往往隐藏于技术与节目的背后，不易被人发现和认识。由于语态是“表达和叙述方式”[①]，承载了传播观念和语言方式，其改变相对于制作技术与节目样式而言往往更为缓慢。不过，传播语态的改变也意味着电视新闻业的变化已经非常深刻，标志着一个阶段传播范式的转换已经完成，因此，传播语态的特点可以代表传播范式的整体特征。

从传播语态上看，中国电视新闻业从 1958 年开始到 21 世纪初叶的历程，可以简要地划分为三个阶段：“讲话”、“说话”与“对话”。下文即用传播语态的特点来代表每一阶段传播范式的整体特征，当然，电视新闻在各个阶段的传播范式都由三方面的因素共同决定。

1. “讲话”的阶段（1958 年至 20 世纪 80 年代初）

1958 年 5 月 1 日，中央电视台的前身，以北京电视台为呼号开播，拉开了中国电视业的序幕。从电视事业创立到 80 年代初的 20 多年里，中国的电视机数量都非常少，国家没有力量大力发展电视事业，个人也没有经济能力购买电视机。在这一阶段的中国媒介生态中，电视还难以显示出其重要性。对于普通百姓而言，电视不仅是政治奢侈品，也是生活奢侈品。

从制作技术上看，这一阶段的中国电视新闻采用的是电影的技术体系。在此期间，电视制作“沿用了电影的手段和方式：拍摄是 16mm 电影摄影机，片长 3 分钟一盒，最多 400 尺，约 12 分钟，声画很难实现同步记录，前期拍摄画面，编辑时也采用了电影的剪接方式，全、中、近、特画面线

① 孙玉胜：《十年——从改变电视的语态开始》，生活·读书·新知三联书店 2003 年 8 月版，第 54 页。

性组合，后期配解说、配音乐，三条平行线组合成声画记录系统”。[①]

电影技术手段的局限极大地限制了电视节目制作的自由。“用胶片拍电视新闻，后期要洗印、编辑、配声音，时间较长，新闻片、纪录片很难保证时效，选材、制作就容易沿袭老路：影像素材的点式摄取，声画两条线，解说为主体，影像只涉及生活的表层，以及将点连成线的蒙太奇组接。”[②]镜头长度短、制播一体化、制作量小、摄制周期长成为电影手段在这一时期的电视新闻节目身上留下的明显技术烙印。

与电影技术手段相对应，早期的电视新闻工作者大多也来自新闻纪录电影制片厂和各故事片厂，他们熟悉并习惯运用电影的工作方式，制作手法和观念自然也来自于电影。“早期北京电视台的摄制人员大都来自‘新影’厂和‘八一’厂……在观念和实践方面都深深影响了早期中国电视的电视新闻，……创作手法如出一辙。”[③]由于能够看到的电视节目都是用电影手法拍摄制作的，观众也习惯了用看电影的方式来看电视，他们甚至直接把电视称作“小电影”。

从节目形态上看，这一阶段中国的电视新闻还远未形成具备自身特点的样式。“早期电视新闻节目的形态有图片报道、电视新闻片以及口播新闻”[④]，其中，图片报道大多采用来自新华社的图片，在摄像处理的同时加配解说词；电视新闻片即新闻纪录片加解说，如北京电视台的固定栏目《电视新闻》，播放的主要就是这种节目；口播新闻就是广播新闻的电视版，稿件主要来自中央人民广播电台，如由沈力播报的《简明新闻》就是这类节目的代表。在此期间，由于电视新闻节目制作量小，各种节目形态之间的区分并不明显，各制作机构甚至将新闻片和纪录片合二为一。直到

---

① 朱羽君、殷乐：《生活的重构》，北京广播学院出版社 1998 年 12 月版，第 12 页。

② 同上。

③ 刘习良：《中国电视史》，中国广播电视出版社 2007 年版，第 34 页。

④ 同上，第 31 页。

80年代初，真正有中国特色的电视新闻节目样式——新闻专题片才开始出现，这种节目样式改变了长期以来电视新闻模仿、照搬其他媒体内容样式的状态，成为很长一段时间里最为典型的电视新闻节目形态。

在节目的语言方式上，当时的电视新闻同样主要沿用其他媒介的语言样式，其自身所特有的电子媒介优势未能显现。比如，在影像上模仿纪录电影（“新影体”）；在文字风格上模仿《人民日报》（“人民体”）；在播报方式上模仿广播电台（“广播体”）；在报道体裁上则模仿的是新华通讯社（“新华体”）。有人形容说，在传媒系统当中，电视像是“新闻纪录电影的缩小版，《人民日报》的影像版，人民广播的图像版，新华通讯社的精简版”①。

从传播方式上看，此阶段的电视新闻主要是“上传下达”。电视媒体在这一阶段的主要功能是“喉舌”、“工具”，电视新闻“承担的是‘宣传教化’功能，扮演着党和政府的‘喉舌’角色，突出强调的是意识形态要求”②，电视新闻主要是“宣传品”，其新闻属性和媒体特性都还未真正展现出来。

从传播语态角度看，这一时期的电视新闻呈现出一种“讲话”的姿态。这一时期的中国电视在观念上深受苏联模式影响，其中最主要的观念就是“形象化的政论”。受到这种观念的束缚，电视新闻节目制作人员和机构鲜有“受众”的概念，在他们看来，观众是“被教育的对象”，电视新闻因而“强调艺术的教化作用，言必有意义，行必有倾向，思必有升华”③，电视新闻节目的口吻也是高高在上，一派“讲话”的姿态。

---

① 胡智锋、周建新：《从“宣传品”、“作品”到“产品”——中国电视50年节目创新的三个发展阶段》，《现代传播》2008年第4期，第1页。

② 同上。

③ 朱羽君、殷乐：《生活的重构》，北京广播学院出版社1998年12月第1版，第12页。

2.“说话”的阶段（20 世纪 80 年代初至 90 年代中后期）

80 年代初，在国家走向开放的大背景下，中国电视界与日本同行合作，拍摄了《话说长江》、《丝绸之路》、《望长城》等一系列文化纪录片，给中国的电视荧屏带来了一股清新的空气。这些纪录片在技术和艺术上的尝试直接影响了一批国内的电视制作人，在随后的几年里，《沙与海》、《最后的山神》、《龙脊》等一批优秀纪录片相继出现在电视屏幕上。与以往“画面加解说”的方式不同，这些“新派”纪录片大量运用同期声、现场采访、跟踪拍摄等纪实风格的创作手法，令观众耳目一新。在这些运用新的技术手段和语言方式、充满浓厚人文气息的纪录片的引领下，中国电视新闻的传播范式开始发生根本的变化。

从制作技术上看，这一时期的电视新闻采用 ENG 作为主流设备，不再受到电影技术手段的局限，电视拍摄和制作获得前所未有的解放和自由。“70 年代以来，技术条件有了很大改善，最显著的一个例子就是电子新闻采集手段（ENG）开始使用。”[①]ENG 设备使用磁带作为记录介质，画面和声音可以同步录制，镜头长度也不再受胶片和发条长度的限制，内容可以反复编辑，为这一时期电视新闻节目样式的创新提供了全新的技术基础。

在节目形态上，这一阶段中国电视新闻的明显特征在于各种栏目的大量出现。这些栏目以舆论监督、生活纪实为内容重点，节目风格追求平民化、个性化。很多节目不仅富于探讨的深度和思考的力度，在制作上也反复推敲、非常精良。电视新闻因而一改以附和、传达为主要取向的“宣传品”面貌和属性，成为充满人文内涵和艺术表现力的“作品”。在这一时

① 朱羽君、殷乐：《生活的重构》，北京广播学院出版社 1998 年 12 月第 1 版，第 13 页。

期风生水起的各种电视新闻栏目中，最具代表性的要算中央电视台的早间新闻栏目《东方时空》。

图 1—11

《东方时空》开播于 1993 年 5 月 1 日早上 7 点，常常被视为中国电视新闻新一轮改革的发端。这一方面是由于《东方时空》开栏目化运作和制片人制度之先河，另一方面则因为这个栏目给中国电视新闻带来了新的杂志型节目形态，以及迥乎以往的制作手法和语言样式。此前的电视新闻，主要用解说词的方式来呈现报道的结论，人们很少能在其中看到采访的过程。画面上也经常是一些万能镜头：一拍农村就是麦浪滚滚、农民在收割打场，一派丰收的景象；一拍工厂就是机轮飞转、纺织女工在忙碌，一派繁荣的景象。《东方时空》改变了这种千篇一律、老套死板的状态，节目中饱含着真实的生活、新鲜的细节和朴实的情感。当时有观众写信说，“看完《东方时空》，就像刚从南方的早市上拎回一条扑腾着的活鱼，一捆绿油油的青菜”①，这正是观众对这种全新的节目形态的积极回应。

《东方时空》子栏目《生活空间》制片人陈虻曾说，“我们刚开始去拍老百姓的时候，他们的概念就是我也没做什么，你们为什么要拍我。换句话说就是我也没做什么好事儿，你们怎么要拍我，所以我觉得老百姓是不了解我们的拍摄意图的。他是对以前的电视应该播放什么、播放了一些什么的一种理解，在此基础上来习惯性地理解我们的拍摄行为。随着这个

① 孙玉胜：《十年——从改变电视的语态开始》，生活・读书・新知三联书店 2003 年 8 月版，第 51 页。

节目的不断播出，观众慢慢明白了，并不一定你要做了什么，而是你的生活本身就有一种值得人们关注的价值。”①这正是这一时期的电视新闻发生的重要转变。从《东方时空》开始，电视新闻节目的制作者开始把镜头对准普通人的生活，用一种平视的眼光去观察和发现生活本身的价值，强调对象的个性化和素材的原生态，强调用生活本身的逻辑去结构节目的内容，从而使电视新闻逐渐摆脱了“形象化的政论”的窠臼。

技术条件的更新、国外节目的影响以及自身经验的积累，使得这一时期的中国电视新闻在语言方式上发生了明显变化。同期声和长镜头的大量使用，日常生活细节的频繁出现，真实的时空结构，开放的情节叙述，意味着中国电视新闻开始真正发挥电子媒体的特色，并逐渐寻找到了中国观众喜爱的节目形态和语言方式。而在节目形态和语言方式发生“剧变”的背后，是制作理念和语言观念的深刻变化。

80 年代，国外的电视语言观念不断影响着中国电视的理论和实践，其中最受重视、影响也最为深远的是“纪实”，这种观念的核心即将影像作为“物质现实的复原”。“巴赞的写实主义理论和克拉考尔的物质现实复原学说受到普遍重视，它与国内的纪实主义思潮合流，形成有中国特色的纪实美学。内容上注重对人、对社会的关注，‘人被看做是一个社会关系总和的个体，不仅深化了人对于自身的认识，也深化了对于现实的理解和判断’。自然景观也为人文意识所观照，焕发出生命的美。”②

在 ENG 等新技术的基础上，纪实主义推动这一阶段的中国电视新闻在节目样式和传播语态上常创常新，进入了一个飞速发展的“黄金时代”。以“物质现实的复原”为核心的纪实观念尽管是一种源自于 50 年代欧洲电影领域的理念和方法，但在中国的电视新闻界，它一扫长期以来电视作

① 见文化系列片《我们一同走过》，中央电视台《见证》栏目 2004 年 10 月播出。

② 朱羽君、殷乐：《生活的重构》，北京广播学院出版社 1998 年 12 月版，第 14 页。

为“小电影”的尴尬局面，不仅一举实现了对“形象化的政论”理念的超越，同时使得我们对电视媒体的本质、电视语言的方式有了全新的认识。

需要指出的是，在纪实主义的影响下，尽管这一时期的电视新闻从内容到形式都发生了彻底的改变，但由于电视新闻和纪录片站在同样的技术基础上，二者又在同样的观念引导下向前发展，导致电视新闻采用的是与纪录片类似的语言方式。整体而言，在这一阶段，电视新闻与纪录片的语言边界是异常模糊的，电视新闻还没有真正寻找到自己独立的语言方式。

与制作观念上的“纪实”相对应，这一时期电视新闻节目中另一个重要的改变是主持风格的变化。90 年代末，凤凰卫视主持人鲁豫在《凤凰早班车》的新闻播报中，一改过去正襟危坐、严肃板正、字正腔圆的播音风格，开始用一种“说话”的方式播报新闻，被业界称作“说新闻”。紧随其后，湖南卫视的《晚间新闻》等一批节目也开始用类似的方式报道新闻，亲和、自然的“说新闻”在中国电视新闻界一时蔚然成风。

纪实风格的制作手法与“说新闻”的主持方式，成为这一阶段中国电视新闻在传播语态上的明显表征。从传播观念上看，这一时期的电视新闻最为重要的变化在于开始尊重受众，它比之前的任何时候都强调要考虑观众的接受心理、尊重大众的审美趣味，节目也因此显得更为人性化，电视开始了向大众传媒本质的回归。随着观念的变化，电视新闻传播者的姿态不再是高高在上，而是讲求与观众平起平坐，“平等交流”代替了“上传下达”，成为最为重要的传播方式。与“讲话”时代的电视新闻相比，这一时期的电视新闻在传播语态上明显软化，呈现出一种“说话”的状态。

3.“对话”的阶段(20 世纪 90 年代末至今)

上个世纪 90 年代末以来，中国电视新闻传播进入了一个全新的发展阶段。一方面，数字技术、卫星技术的广泛应用和不断升级，再一次颠覆和革新了电视新闻所倚仗的技术基础，同时也为电视新闻的发展提供了新的契机和前景。另一方面，传播格局的骤然跃升和传媒生态的急遽转化使得电视新闻的制作体系以及电视节目的内容与形式都受到直接影响，传播语态也随之发生显著变化。电视新闻的传播范式再一次发生根本性的转变。

从技术手段上看，20 世纪 90 年代末期以来，数字设备、SNG 设备和高清设备的广泛采用使中国电视新闻在传播技术上发生了前所未有的升级和转换。在“决定人类生存”[①]的“第三次浪潮”中，作为电子媒体的电视也完成了数字化转换。数字化设备的普遍应用极大地改变了电视制作的状态，摄录设备小型化、后期设备非线化、存储设备虚拟化使得电视制作更为解放和自由。SNG（卫星新闻采集系统）设备在新闻制作中的普遍采用使得电视具备了无可匹敌的跨越空间的能力，电视新闻进入“即时传播”时代。高清设备的大量使用改变了影像的基本属性和质量，每秒千帧的高速高清摄影机令 24 格 25 帧的电影画面格式成为过去时，清晰度和宽容度接近电影胶片的高清画质和 5.1 声道的环绕立体音效让电视带来的视听享受远超以往。

简言之，技术上的划时代变革不仅没有使电视这一“传统媒体”落伍，相反，电视良好地适应和融入了新的技术潮流，并在新的技术条件下将自身的媒体特征彰显得更为充分。电视机仍然是良好的媒体终端，电视媒介的大众化程度仍然最高，它依然具有非凡的活力和巨大的潜力。在新闻传播业界，电视仍然是迄今为止最为强势的大众媒体，电视新闻时效性最强，受众最广泛，影响力最大。

---

① 尼葛罗庞帝：“计算不再只和计算机有关，它决定我们的生存。”见尼葛罗庞帝：《数字化生存》，胡泳、范海艳译，海南出版社 1997 年 2 月版，第 15 页。

在数字革命的另一面，随着技术革新带来的影响逐步深化，媒介融合的趋势愈演愈烈，传媒生态正进行深刻调整，使得包括电视在内的传统媒体面临挑战。"由于数字化的缘故，全新的节目内容会大量出现，新的竞争者和新的经济模式也会浮出海面，并且有可能催生出提供信息和娱乐的家庭工业。"[①]一方面，媒介融合趋势的发展使得网络、手机等新媒体在较短时间内取得长足进步，迅速威胁到传统媒体的生存；与此同时，电视业在新技术平台上诞生和分化出其他的行业类型与模式，网络电视、手机电视、移动电视、IPTV 等业态的发展，使传统媒体遭遇受众分流、收视下滑的险境，但同时又为传统电视业升格为新的内容产业提供了可能。受到新技术的解放与促动以及新的传媒生态的施压与抬升，从上世纪 90 年代末以来，中国电视开始向一个新的阶段转型，应该说，当前的中国电视正处在一个新阶段的起点上。

而自 20 世纪 90 年代中后期以来，中国电视新闻所依存的传播格局也急遽变化。"电视传媒市场化程度不断加深，电视的内容与市场、与观众的收视日益紧密地结合在一起。产业化、集团化、市场、效益、效率、收视率、受众需求以及成本核算、营销、广告等影响着电视实践。中国电视全面进入了以'产品'为主导的阶段。"[②]随着各省级电视台纷纷上星成为全国频道，电视业内的商业竞争迅速白热化。受收视率和广告效益的驱使，电视新闻内容走向多元化，社会新闻、娱乐新闻比重加大；在形式上，故事化、差异化、刺激性成为明显的追求和取向。

在激烈竞争的业态压力下，电视新闻利用新的技术手段和平台，实现了语言样式的更新。在这一时期的电视新闻制作中，共时性的一体化制

① 尼葛罗庞帝：《数字化生存》，胡泳、范海艳译，海南出版社 1997 年 2 月版，第 28—29 页。

② 胡智锋、周建新：《从"宣传品"、"作品"到"产品"——中国电视 50 年节目创新的三个发展阶段》，《现代传播》2008 年第 4 期，第 4 页。

作代替了多工种分时制作，多机位分工合作代替了单机的挑、等、抢，非线性编辑替代了线性编辑，在线切换代替了后期剪辑，非常规画面替代常规画面成为影像的主体，声画分录代替声画同录形成新的声画关系。在数字平台上，感性、离散的思维方式与影像的非语言属性相吻合，理性、线性的思维方式则与口语和文字的语言属性相匹配，电视新闻的各种语言要素寻找到了各自对应的思维方式。在“形象化的政论”阶段，画面屈服于解说；“物质现实的复原”阶段，语言让位给影像。在新的技术系统与思维观念下，电视新闻的制作者不再纠结于画面与声音、文字之间孰轻孰重，电视语言要素之间的关系不再紧张，语言符号与非语言符号之间的组合与对位也就更为自由和协调。至此，电视新闻终于摆脱了电影语言和纪录片样式的束缚，寻找到了更为独立也更具活力的语言方式。

从节目形态上看，由于电视跨越空间的能力和多种符号共用的优势在即时传播领域无可匹敌，这些优势又集中体现在直播形态上，因此，直播成为电视新闻在这一阶段最为重要的节目形态。这种变化，仅从《东方时空》由以前的纪实类杂志型栏目变身为直播消息类节目即可见端倪。由于数字技术带来的设备小型化趋势，电视的摄录设备更便于携带，更便于现场操作，现场制作逐渐成为电视新闻节目中最为核心的制作方式。甚至，电视节目编排和频道结构的方式也因直播而发生改变，不仅突发事件的直播会随时打破常规的节目编排，常规节目之间的过渡与衔接也越来越多地用直播的方式实现。一言以蔽之，对新闻频道而言，不仅节目是直播的，整个频道都处于直播状态。

随着直播时代的到来，电视新闻的传播方式和传播语态又一次发生显著变化。在电视新闻直播中，主播与记者之间的连线交流成为最能体现电视媒体优势的传播样式。对新闻事件的报道在主播与记者的一问一答之间完成，新闻的传播方式一变而为“互动交流”。麦克卢汉曾说电视是“冷媒介”①，具有“使人深度介入的特性”②，要获得好的传播效果必然需要观众的参与，但与观众的互动是电视传播最大的难题。只能是观众听电视上的人说话，观众的声音则无法让电视上的人听到，电视传播中的反馈链条是被切断的。作为大众传媒的电视只能通过抽样调查的方式获得收视率、忠诚度、美誉度等收视数据，而无法获得像人际传播那样实时的、在场的、鲜活的互动与反馈。

正是在这个意义上，连线直播报道改变了电视新闻的传播模式。主播与记者之间的实时连线实际上围绕观众展开，主播代表观众提问，记者回答主播也就是观众关心的问题，一问一答之间，观众被卷入到一个互动的交流过程中来，从而实现了“参与”。连线报道通过主播与记者之间实际、实时存在的人际交流，实现了观众与主播、观众与记者之间互动关系的模拟。由于人际传播在所有的传播模式中效果最好，对人际传播要素的使用和对人际传播模式的模拟就非常有利于改善电视新闻传播的效果。在“人际传播的拟态”这种模式下，电视新闻的传播语态改变了以前以传者为中心的状态，开始以观众的参与为目标，以观众的取向为主导，呈现出一种“对话”的姿态。

直播并不是一个新鲜事物，但它促使中国电视新闻良好地适应了这一时期传播技术、传媒生态和传播格局的变革，带来了电视新闻在节目形态和语言方式上的更新，并使电视新闻的传播方式和传播语态又一次出现了更替。在直播的促动下，中国的电视新闻正用一种新的“对话”语态迎接并参与到媒介融合的时代中来。

---

① 〔加〕马歇尔·麦克卢汉：《理解媒介——论人的延伸》，何道宽译，商务印书馆 2000 年版，第 51 页。

② 同上，第 380 页。

第二章

结构与模式

一、主持人你好

二、人际传播的拟态

直播改变了中国电视新闻的传播范式，并对全球电视新闻业的生态产生了深刻影响。直播的魅力已经成为全球电视新闻业的共识，它是电视新闻节目中最具吸引力的环节，是提高收视率的有效保证。

在当今的电视新闻制作中，直播成为电视新闻业者的第一选择，只要条件允许，电视机构会尽可能地对新闻事件进行现场直播。而有能力对新闻事件进行直播也成为电视新闻机构实力的象征。

直播之所以变得如此重要，更深层的原因在于它改变了电视新闻的运行系统，给节目结构和传播模式带来了根本性的改变。直播不再只是一种技术方案或播出方式，它已经成为电视新闻传播的基因，这种基因渗透到电视新闻传播的每一个细节之中，不仅明显改变了电视新闻表层的传播特征，还在深层次上改变了电视传播的基本模式。

一、主持人你好

在过去的十多年里，中国电视新闻发生的诸多重要变化中，一个不易为人察觉的细节是，站在镜头前的记者所说的第一句话发生了改变。以前，大多数记者出镜时说的第一句话一般是“各位观众大家好”，有的记者还会抬起手腕看看手表，向观众报告说“现在的时间是几点几分”。现在，站在现场的记者在跟演播室连线时，不仅不再抬腕看表报时间，所说的第一句话也变为了“主持人你好”，或者是直呼主持人的名字“××你好”。

只是某一位记者上镜之后跟谁打招呼，好像并不是那么重要。但如果这种变化是行业性的、整体性的，那么就显示了一种趋势、一种倾向。这种倾向在中央电视台 2005 年对国民党主席连战访问大陆的直播[1]中表现得尤其明显，主持人与记者之间的称呼语变为了更为亲切的“岩松你好”、“泉灵你好”。

表 2—1

画　面	声　音
演播室	【白岩松】现在我们的记者张泉灵已经在北京大学，她也是北京大学毕业的，不过这一次回学校采访给我们带来非常新鲜的历史性的事件。张泉灵你好。 【张泉灵】岩松你好。 【白岩松】赶紧把位置介绍给我们。你现在是在校园哪儿？
“北大校园的张泉灵”和“演播室白岩松”分屏	【张泉灵】我现在的位置是在北京大学的西校门之内，是在它的办公楼的西侧。那么一会儿连战就会在它的办公楼的礼堂来进行为时一个小时的演讲。如果你只是到北京大学现在来看一眼的话，你可能觉得这个校园跟平时没有什么不一样。
切到全屏。 中景：张泉灵画面正中偏左做现场报道 画面推到校友桥——然后摇到华表——摇到办公楼——推到办公楼的红地毯——拉回到张泉灵，落幅为张泉灵的中景	只是整个保安的系统可能更加严格一些，但是你了解北京大学习惯的话，你会觉得今天还是有很多的特别之处。因为我们知道这个西大门是北京大学的主校门，它建于 1926 年，平时机动车是不可以从这个校门进来的。不过今天连战会坐车直接从西校门进入，然后经过前面的校友桥，穿过这个华表，然后抵达办公楼前。那么这个办公楼我们注意到它这个西门啊，平时其实也是不开的，但是现在已经铺上了红地毯。说明校方完全是按照最高级别的贵宾来接待连战的，那么说到这个地点的选择我觉得这也是一个非常有意思的事情，我想可能会有两个关键词，一个叫做历史，一个叫做未来。因为北大原来选择连战今

① 2005 年 4 月 26 日到 5 月 3 日，中央电视台联合上海电视台、江苏电视台、陕西电视台等多家地方电视台，连续推出多场次的接力直播报道《连战大陆行直播特别报道》，获第十六届中国新闻奖电视直播类一等奖。

续表

画　面	声　音
“北大校园的张泉灵”和“演播室白岩松”分屏 切到全屏。 中景：泉灵做现场报道	天发表演讲的地方可以说有三个选择：一个是英杰交流中心，一个是北大的百年纪念大讲堂，还有一个就是建于1926年的当时燕京大学的主楼，就是现在校办公楼。那么最后大家觉得呢学校的办公楼最能代表北大的百年历史。所以就把这个地点选择在了这里。同时我想连战先生选择在北大来做一个演讲的话，其实也是考虑到了一个历史的渊源。因为他的母亲曾经就读于燕京大学，而燕京大学我们知道在1952年合并进了北京大学。所以跟这个学校也有特别的渊源。而同时北大我想百年以来代表中国政治的一个非常敏感的风向标，所以历史在这里有非常浓厚的积淀。那同时北大的学生也代表着中国的未来，所以又有一个未来。那么我们现在听说呢连战先生今天在这里演讲，可能主题也会是历史和未来。所以，我想起一个非常有意思的巧合。岩松。 【白岩松】泉灵，虽然一会儿的时候我们会再次连线介绍更加详尽的程序，我想可能很多的观众朋友也急于想早一点知道，一会儿9点45会开始的这个演讲大致程序都是什么样子。给我们介绍一下。 【张泉灵】现在我们知道的时间情况大概是这样的，连战先生的车队大概是9点30分会抵达北大。然后9点45分正式开始他的演讲。演讲整个持续大概是一个小时。前半个小时是连战先生的讲话，那么后半个小时会留给学生做一个开放的提问。那么我想到底会提一些什么样的问题呢，连战先生又会做一个什么样的回答，也是现场所有观众包括我们电视机前的观众最为关心的事情了。 【白岩松】好，泉灵，我想在下一段落和你连线的时候，可能我们会更多地关注因为学生的构成，会提一些什么样的问题等等。一会儿的时候我们再见，泉灵。

在连战到北京大学演讲前的这一段直播中，“岩松你好”、“泉灵你好”这种亲切的称呼语在主播与记者连线的过程里频频出现。这不仅是由于这次直播所需要的特殊“亲切”语态，更重要的是因为电视新闻节目的主持人、记者和制作人员对电视新闻传播结构与模式的认识发生了改变。这是直播带给电视新闻节目的直接变化。

图 2—1

现场记者不再直接跟观众说话，而是跟主持人交流，有着两方面的作用：一是为了在节目结构中更好地发挥主持人的功能，二是可以在传播模式上利用人际传播要素和过程，形成更好的传播效果。这二者都必须通过主持人这个环节来实现，而最终都是为了一个目的——更好地吸引观众参与到直播的过程中来。

用线性传播理论①的观点来看，主持人是电子媒介在传播者方面的先天优势。举例来说，同样是天气预报，报纸版面呈现在读者面前的是直接的文字内容，尽管也能看到编辑记者的名字，但传播者本身的因素不会直接影响信息传播的过程和效果，读者甚至都不会注意到传播者的存在。广播里的天气预报则可以听得出播报者是男是女、声音高亢还是低沉、情绪激动还是平和，主持人的音品、音量、音色、语气、语调、语速，都会对听众接受信息的效果产生直接影响。电视则更胜一筹，播报员的音容笑貌、举手投足、形象气质、服饰妆容都会对观众接受信息的过程和效果产生直

① 经典传播理论之一，将传播视为“传者→媒介→受众”的线性过程，主要提出者为美国学者拉斯韦尔。

接作用。即便是同样的内容，不同的主持人播报出来也会对观众产生不同的效果，观众可能喜欢这个主持人而不喜欢那个主持人，并因而选择这个台不选择那个台。

电视媒体的这种先天特性决定了主持人是这个行业里最关键的人物和不可多得的资源，主持人的水平高低和受欢迎程度直接影响收视的高低和节目的存废。用数字媒体时代的术语来说，主持人是电视新闻直播的“界面”，这个“界面”是否友好，很大程度上决定了新闻直播内容传递的效果。电影语言的研究者马尔丹曾说，“一个舞台演员，那是一间大房间中的一个小脑袋；一个电影演员，那是一间小房间中的一个大脑袋。”[①]电视仿佛重回舞台时代，主持人不再像电影演员那样纯粹被“观赏”，而是需要像舞台演员那样“控制”整个话场的氛围。

在电视新闻直播中，主持人自然也成为整个信息传播过程的控制中枢。记者的报道、嘉宾的评论，都由主播引入和结束。主持人既是所有信息的导出者，又是观众的代言人。所有的信息都由主播带给观众，所有观众关心的问题都由主播向记者或嘉宾提出。如果把直播的过程看做是一条接一条的信息汇聚成的河流，主播就是那个“打开闸门的人”。

由于主持人是结构核心，是所有信息的转换器，从节目结构的角度考虑，记者在报道时就没有必要再跟观众打招呼，而只需要与主播直接交流。从传播模式上来看，记者放弃直接跟观众打招呼而与主播直接交流也合乎直播时代的需求。录播新闻的时代，由于记者报道的时间与新闻播出的时间——也就是观众收看的时间不同，记者有必要向观众交代拍摄、报道新闻的时间。直播新闻的时代，由于报道时间与播出时间（观看时间）相同，除非时间要素是新闻事件中必要的一个报道点，记者就不需

---

① 〔法〕马赛尔·马尔丹：《电影语言》，中国电影出版社 1980 年版，第 20—21 页。

要让观众时刻意识到自己所处的时间。另外，录播时代的记者直接向观众讲话，这种单向的传播是得不到任何反馈的，观众的参与受到阻碍；直播时代的记者在与主播的交流对话中把信息传递给观众，观众在不被提及的情况下会被更深地卷入，也就更多地参与到新闻直播的过程中来。

用接受理论[①]的观点来看，受众在大众传播的过程中实际上扮演了决定性的角色。电视新闻直播也不例外，主持人与记者的交流其实是以不在场的观众为对象的，观众在双方的交流中缺席，却又仿佛在场，他们之间的关系可如图2－2 所示。主持人与记者之间的实线表示交流是实际存在的，但他们说话的真正对象是虚线指向的观众。通过这样的方式，作为大众传播的电视很好地利用了人际传播的元素（实线代表），但人际传播显然不是其目的，它最终是为了改善大众传播（虚线代表）的效果。

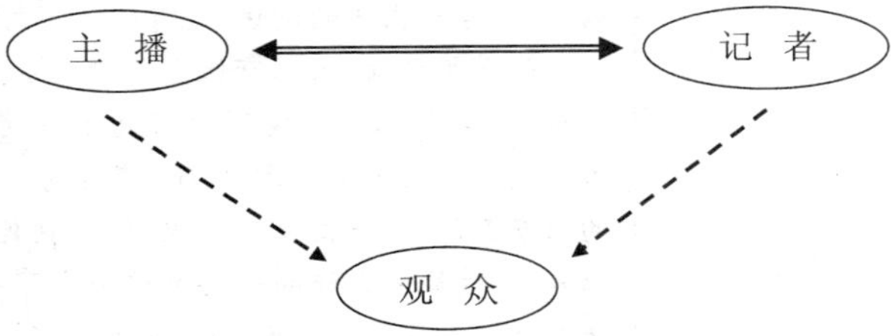

图 2—2

这种结构和模式在凤凰卫视对连战大陆行进行的直播中运用得更为充分，直播的传播特性也表现得更为明显。与央视相比，凤凰卫视的这次直播在结构上更为复杂，通过连战参访团的随行记者陈淑琬、现场记者吴小莉

---

① 接受理论源于"接受美学"（Receptional Aesthetic），最早由德国康茨坦斯大学文艺学教授尧斯（Hans Robert Jauss）在 1967 年提出，其理论核心即从受众出发，从接受出发。传播理论中的文化理论和阐释理论都受此影响，如英国伯明翰学派的代表人物、文化理论家 Stuart Hall 即是接受理论的主要支持者之一，他据此发展出著名的编码—解码的"霍尔理论"（Hall's Theory）。

和分演播室评论员何亮亮等不同位置、不同角色的人员设置，在空间转换和人际交流上做足了文章。

表 2—2

画　面	声　音
演播室： 左边为主持人谢亚芳，右边为特约评论员阮次山	
分屏： 左上角是演播室 左下角是随团记者“北京陈淑琬”的照片和字幕 偏右占屏幕三分之二的是“北京大学演讲现场”	【谢亚芳】淑琬你好。 【陈淑琬】亚芳你好。 【谢亚芳】你还在北饭吗？是不是已经要出发了？ 【陈淑琬】好的亚芳，我们正在参访团下榻的饭店，北京饭店，正在一楼大厅这里，因为所有的参访团成员，现在已经在一楼大厅集聚，要等着国民党主席连战等一行人，他们上车之后，就直接驱车去往北大校园，进行今天上午的演讲，还有一连串的参访活动。 　　而稍早之前，在北京饭店的外头也有民众，站成一排，希望在上午连战到北京大学去演讲之前也可看到连战。此外在一楼大厅，甚至有一些网络上面的网友互约，到一楼大厅这里，他们把他们这一阵子以来，对连战到大陆的一些期许做成了一些诗集，要送给连战。不过因为现场有一些安全的管制，后来他们把诗集亲手交给了连战的大儿子连胜文。而诗集当中甚至用很亲切的“回来吧战哥！”这样子的标题，表达了两岸人民之间一个亲切的情感。这是目前我们在北京饭店现场的最新情况。 【谢亚芳】淑琬你随行采访，你感觉连战心情怎么样？他今天演讲的可能内容，有没有公布？ 【陈淑琬】在此之前，连战的演讲内容，并没有正式对外公布，不过根据我们的了解，他稍后在北京大学演讲当中，可能会引用到以色列格拉维夫有关系的，就是说我们彼此相关联这样的一些曾经有过的语句，来作为今天内容的一些延伸。他在一路的过程当中，

续表

画　　面	声　　音
	从南京再到北京，原本我们一直很注意他的情绪，因为到了北京这一站可以说是众所瞩目。昨天晚上，大家都知道他们在老舍茶馆，也有难得的轻松，而这一路过来呢，他们都表示，心情受到很大的鼓舞，一路上都感到十分的温暖。也因此在公开场合看到的连战，都一直保持着微笑。目前在我视线范围内，我已经看到了国民党主席连战的妻子连方瑀，随同参访团的成员已经抵达了北京饭店的大厅，他们准备要上车了，我们驱车赶往北京大学，这是目前现场最新情况。 【谢亚芳】好的，谢谢淑琬来自北京饭店为我们所进行的报道。
演播室 分屏： 左为演播室 偏右占屏幕三分之二为“北京大学演讲现场”	阮次山评论。 连线北京演播室。
分屏： 左上角是演播室 左下角是在北京的“时事评论员何亮亮” 偏右占屏幕三分之二的是“北京大学演讲现场”	何亮亮评论。
分屏： 左上角是演播室 左下角是北京大学现场的记者吴小莉做现场报道 偏右占屏幕三分之二的是“北京大学演讲现场”	【谢亚芳】小莉你好。 【吴小莉】亚芳你好。 【谢亚芳】你现在所在的位置是哪？那么连战大约多久可以到达？ 【吴小莉】我们现在可以看得到，我们现在所在的位置是在北大办公楼礼堂后面的这个西门，连战就即将在我后面这个西门经过，然后经过华表，经过这个拱桥，然后进入北大的办公楼礼堂进行演讲。现场看到很多很多的朋友已经在这里围观，北大的师生，

续表

画　面	声　音
切到现场的全屏 近景:吴小莉现场报道——镜头推到红色横幅——摇回吴小莉——镜头摇到围观欢迎的人群	如果没有办法拿到票进礼堂的话,都在这里围观,还拉起了横幅,跟他说连战此行让中国人感动。现场从早上的8点钟,就已经有很多人围观了。连战估计大概五分钟以后,他可能就会抵达北大的校园,他在早上8点40分左右就从北京饭店出发,但是因为北大跟北京饭店是一个在东一个在西,所以可能要将近一个小时的时间,不过他们有警车开路,所以估计在9点20分左右,可以抵达北大的校园。
分屏: 左上角是演播室 左下角是北京大学现场的记者吴小莉做现场报道 偏右占屏幕三分之二的是"北京大学演讲现场"	连战一行将会走过北大的西门,然后校友桥,然后经过这个华表。华表在北大来说是非常具有代表性的一个地标。然后踏上这个红地毯,登上丹樨走进北大的办公楼的西门。然后这种方式呢,被北大校方视为是最高的礼遇跟规格。在办公楼的西门处,将会有很多的同学,现在我们看到已经在这里欢迎他们,并且会送上鲜花。同时北大办公楼这个演讲厅,可以说是有很多的领导人在这里演讲过,包括了克林顿和普京。之后呢,他就会在9点半钟开始进行一场演讲,至于这场演讲的题目是什么,到现在国民党方面还都视为最高机密,他们不肯说出内容。大概可以知道,就是说会是一个人文关怀出发,以长远的历史来探讨两岸的现状,以及两岸共同追求和平的期望。同时在北大的这个西门,北大的校务委员会的主任,闵维方先生,以及北大的副校长郝平,都已经在西门等候连战等人的到达了。同时我们刚才在稍早已经做过一些访问,就是发觉这些学生,这次是非常严格的,他们的门票后面都写了几行字。比如说你进来的时候,必须拿你的身份证、你的学生证和你的票,或者是如果你是老师的话,必须要拿你的职工证和这张票。同时规定不能带书包、不能带照相机、不能带手机来保持肃静,衣装要整齐。所以呢这次的连战到访北大,是一件极为轰动的事情,同时呢保安是非常的严格的。 【谢亚芳】就是不止要对号入座,还要对名字入座,要看学生证。 【吴小莉】不能转让。

续表

画　面	声　音
分屏： 左上角是演播室 左下角是跟车记者“北京陈淑琬”照片和字幕 偏右占屏幕三分之二的是“北京大学演讲现场”	【谢亚芳】好的，谢谢小莉在北大的校园所做的报道。小莉刚刚说到，连战大约在五分钟之后能够到达。那现在我们也连线随团采访的记者陈淑琬，看看他们目前所在位置在哪里？ 【谢亚芳】淑琬你好。 【陈淑琬】亚芳你好。 【谢亚芳】你们还有多久能够到？现在在哪儿？ 【陈淑琬】好的，我们从北京饭店出来，有前导车，在连战通往北京大学的道路上，都可以说是清空，这条通道完全清空。这一路走得很顺畅，估计会在十分钟左右就会顺利抵达北京大学。那么在今天的整个从北京饭店到北京大学的过程当中，可以说整个车程进行得相当顺利。而稍后抵达了现场之后，他的现场情况，有最新的信息，我们也会即刻做关注。 【谢亚芳】好的，谢谢淑琬，淑琬现在正在车上，是跟着连战的车队，即将要抵达北京大学。那么待会儿会从北大的西门进入，然后到达办公大楼的礼堂，演讲之后，连战还会参观校园，现在我们再到北大的校园来看看，小莉还在现场。
分屏： 左上角是演播室 左下角是北京大学现场的记者吴小莉做现场报道 偏右占屏幕三分之二的是“北京大学演讲现场”	【谢亚芳】小莉，是不是可以给我们介绍一下北大这次是不是准备了很精美的礼物，要送给连战？那么之后连战参观校园会去哪些地方呢？ 【吴小莉】对，我现在讲一下，这几天北大最流行一句话，就说你抽中了吗？也就说你抽着那一张入场券门票了没有？是非常抢手的。然后在各个系是用抽签的方式来进行。外传为了要让北大的学生更了解两岸的关系，中台办的副主任孙亚夫在27号的时候还曾经来到北大，跟师生们讲解一下两岸的关系和台湾的问题，让他们能够有更好的提问的一个机会。同时这次北大的校园里边的办公楼大楼里边，大概有四百多位的师生参加，大概有一百多位是来自大陆的北大的师生，另外还有大概10到20位是来自台

续表

画　面	声　音
	湾，因为大概有220位的台湾的学生是在北大念书的。所以有大概10到20位台湾的学生，是获得这个机会，能够进去听讲，而且可以去提问的。那另外各部门也被分到一部分门票，同时校园的电视已经全部打开了，整个全程直播连战这场演讲。 就你刚刚提到，连战的演讲在9点半开始之后，估计在十点半结束。就是半个小时的演讲，另外半个小时肯定供大家提问。那我们刚才讲了，演讲的题目跟内容，在国民党方面都非常保密。他们说这个题目跟内容，连战本人非常重视的，他自己主动提出了很多的意见，让幕僚修改，最后他定稿。题目不能说，但是他提到一点，他可能会以个人的关怀来提出他自己的一些看法和想法。比如说他曾经去过以色列，他觉得在以色列悲伤地看到了，他特别提到一句话让所有的人印象深刻，他说犹太人的命运就要由犹太人自己来负责任。他觉得他会以这种理念来传达给所有的人知道，就是两岸的问题，可能所有的华人、中国人都要来负起责任。另外还有一点就是说，这次的礼物，事实上北大方面准备了三份重要的礼物。有一份就是，因为大家都知道连战的母亲，赵兰昆女士，曾经在北大的前身，也就燕京大学，在这里念书。所以她在北大的校园静园一号也有一个女生宿舍曾经在那里住过，所以他之后他会坐车到北大非常著名的景点未名湖去参观，之后就会在他的母亲曾经入住的这个宿舍短暂地停留，可能拍张照，然后才会离开。送的这个礼物当中，有一份是非常重要，就是北大非常体贴地把燕京大学的时候，母亲在念宗教系的所有的学籍资料、入读成绩单、注册单，还有高中时候的申请单，还有包括赵兰昆女士，她曾经写信给母校的这些亲笔的东西，做了一个影印本，然后做成一个小小的礼物，珍本一样的礼物呢，送给连战。同时还会送上一个具有北大特色，未名湖景观的漆器送给连战。同时每一个在这里演讲的人，都会收到北大送的一份，曾经在这里演讲的纪念牌。

续表

画　　面	声　　音
	【谢亚芳】好的，谢谢小莉在北大校园为我们所做的报道。刚才我们也提到了连战之后还会去参观他母亲曾经住宿过的宿舍，就是静园。那么现在我们也刚刚连线上了，即将到北大，我们随团采访的记者陈淑琬，我们看看她现在情况怎么样。
分屏： 左上角是演播室 左下角是跟车记者“北京陈淑琬”照片和字幕 偏右占屏幕三分之二的是“北京大学演讲现场”	【谢亚芳】淑琬你好。 【陈淑琬】亚芳你好。 【谢亚芳】看到北大了吗？ 【陈淑琬】好的，现在我们在颐和园路，再过两分钟，应该就可以抵达，待会儿先要到北京大学的西侧门，这也是传媒采访的一个集合点。那么一路从北京饭店出来，再到北京大学，这个过程当中，由于车队行进的路线，整条路，从我们视线所及范围内呢，一路都是清空的，就空出了一整条的马路通道，然后这个车队，一路都非常顺利，也因此整个的车程花了不过30多分钟已经可以说，即将顺利抵达了。沿路上都有严格的交通管制。另外由于车队的阵容，看起来相当显眼，也因此吸引了相当的民众驻足旁观。我们的车子已经转往了另外的集合点，可以说跟参访车队岔开了，在现在这个时间点，估计在稍后一两分钟之后呢，连战就即将抵达这一次在北京大学的演讲厅。这是目前在现场的最新情况。 【谢亚芳】那么你在车上了解，这次随团记者关注连战演讲内容有哪些呢？ 【陈淑琬】好的，其实今天呢，一路从台湾随行采访的传媒呢，大部分起得相当早，他们在6点50分左右就已经在北京饭店集合，并且被带往北京大学，在做先前的准备作业。

续表

画　　面	声　　音
分屏： 左上角是演播室 左下角是跟车记者"北京陈淑琬"照片和字幕 偏右占屏幕三分之二的是现场画面	【谢亚芳】好的，淑琬我们已经看到连战即将到达北大校园，我们现在先去校园看一看，看到很多的学生、民众正在欢呼。小莉你还在线上吗？ 【吴小莉】是，亚芳你好。 【谢亚芳】现在车队是不是已经抵达了？现场的气氛如何？
切到北大校园的全屏，学生挥手欢迎 ——镜头摇到吴小莉现场报道	【吴小莉】没有错，在9点20分的时候，连战的车队首先抵达，现在看到的车队是连战的代表团的车队，他的车刚才已经抵达了华表，已经走过了拱桥，已经进入了这个北大楼的西门了。刚才到场的时候，北大师生在外头围观的时候，都热烈地欢呼、鼓掌，而且举起了他们的双手，非常热情。现在我们看到车队陆续地都已经抵达了，现在连战已经步入北大办公楼的西门的会场。现在所有的代表团的成员，都已经下车。现在看到本来有围观的群众，现在有更多的朋友、更多的北大的师生已经往这方向去集中、靠近。因为北大的师生在这里已经等了一个早上，大概等了两个多小时。早上的8点钟就已经有师生在这里等候连战的到访。在9点25分的时候，连战的车队一马当先进入了北大的校园之后，这里就响起了一阵热烈的欢呼和掌声，大家都想一睹连战他的代表团的团员一行人的风采。现在代表团的成员，都已经陆续地进入了，所以人群即将散去。现在所有的代表团的成员都已经进入了北大的办公楼的大楼了。所以现在的所有的北大的学生，也要开始回到各个食堂或者是礼堂，去看一看电视的转播，因为他们很不幸，没有机会进入礼堂去听演讲。 【谢亚芳】好的，谢谢小莉来自北京大学西门所做的采访报道。

图 2—3

图 2—4

图 2—5

图 2—6

可以看到，凤凰卫视的“连战大陆行”直播在结构设计上非常充分地利用了演播室作为结构的中枢，整场直播就是在以演播室的主持人为核心的各种“交流”中实现的。其直播过程可以简单地归结为这样的几次人际交流：“谢亚芳—陈淑琬（随团）”（如图 2—3）、“谢亚芳—阮次山（演播室）”（如图 2—4）、“谢亚芳—何亮亮（北京演播室）”（如图 2—5）、“谢亚芳—吴小莉（北大校园）”（如图 2—6），“谢亚芳—陈淑琬（随团）”、“谢亚芳—吴小莉（北大校园）”。如图 2—7 所示，所有的信息（无论是事件进展还是分析评论）都是在主播与记者、评论员的交流中传递给观众的。

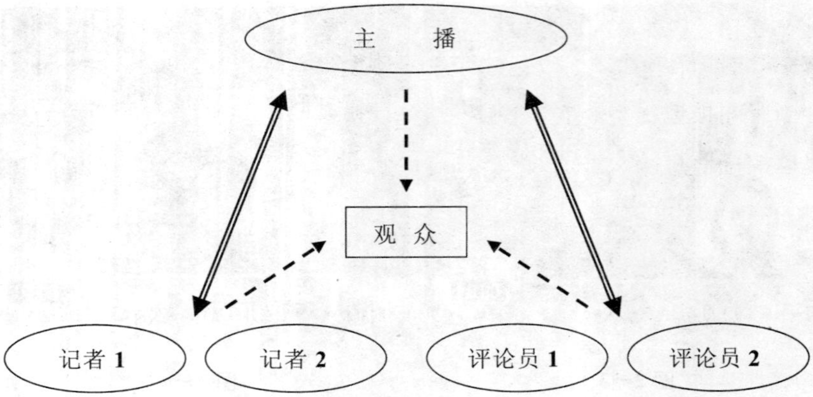

图 2—7

从图 2—7 中也可以看到，整个直播过程实际上都围绕观众展开。主播向记者和评论员提问，记者和评论员回答主播问题，各种人际交流的最终指向都是“潜伏”的观众。对观众而言，当电视利用人际传播要素来改善大众传播的效果时，其中的人际交流过程越丰富，空间转换越多元，电视新闻的直播就越“好看”。

在央视和凤凰卫视对连战大陆行直播的比较中，我们除了能够更为深入地了解电视新闻直播的结构与模式，同时也能切身感受当前电视新闻业的竞争态势。在对连战大陆行直播的这个段落中，最核心的内容是连战在北大的演讲，但央视和凤凰卫视真正下工夫做文章的地方却在演讲之前和之后，原因很简单，连战演讲的内容在各台都一样，要争取观众，报道点就必须向事件的头尾扩散。

在传统的新闻运作中，掌握了事件的核心内容往往就能获得独家新闻或是首发新闻，就能获得竞争的优势。但现在，随着各台报道能力的增强和新闻竞争的加剧，最核心的内容在多家电视台对同一事件进行直播时变成了公用信号，在各台的竞争中不再产生任何比较优势。要吸引观众，获得更多的收视份额，必须在核心事件发生之前就抓住观众，并在事件发生之后留住观众，核心事件的直播才会被有效收看。

当新闻报道的重心向事件的头尾扩散之后，主播把握事件的能力、记者报道挖掘信息的水平、评论员对事件的分析深度，就成为电视新闻机构的“核心竞争力”。哪个台的主持人更受观众欢迎，哪个台的记者在现场报道得更为生动精彩，哪个台的评论员分析得更为准确深入，哪个台的连线设计得更为流畅合理，观众就会流向那里。直播时代的新闻竞争中，主持人、记者、评论员在对事件的报道中短兵相接，用自己在镜头前的风采去赢得观众，争得竞争的优势和胜势。

当直播已经成为电视新闻机构的常规运作模式之后，在直播中将演播室的主持人作为结构的核心已是一种共识，直播的所有方案都围绕演播室来设计。一旦演播室在电视新闻直播的结构设计中缺位，或者直播不以主持人为结构核心，人际交流的过程和模式就难以建立起来，对整个电视新闻事件的直播就很难在从容不迫、游刃有余的状态中完成。在这方面，中央电视台 1997 年的“三峡截流直播” 是一个非常典型的例子。

表 2—3

画　　面	声　　音
演播室： 设在离合龙口不远的一条船上，背景中可以看到龙口	【白岩松】刚才呢有一位观众朋友把电话打到了我们在北京的总部，问了一个非常有意思的问题，他说刚才看了你们那个空中直升机的现场直播拍摄得非常好，但是你们为什么没有设水下的摄影机位呢？其实我们也认真地考虑过这个问题，而且也是有能力做到这一点的。但是考虑到在整个施工过程中龙口附近它的水呢非常的浑，包括我们看到在其他的河段上整个长江的水也是比较浑，那么拍摄出来的画面呢可能不会很好，所以最后就取消了这种打算。

续表

<table>
<tr><th>画　面</th><th>声　音</th></tr>
<tr><td></td><td>现在的时间是下午的2：30，也就是说再过一个小时，大江截流将顺利地完成合龙。那么习惯了在自己的河道上奔波的长江，为了中国人的幸福就不得不改道导流明渠，看样子在这里我们要感谢长江了。不过为了这一目标的实现呢，我身后的建设者们正在紧张地施工，接下来让我们走近现场。</td></tr>
<tr><td>远景：长江合龙现场的工作</td><td rowspan="3">【记者1】各位观众，现在的时间是2点30分50秒，距预定合龙的时间3点半还有一个小时，让我们来看看龙口的情况。现在根据目测的情况，龙口大概也就是10米左右的距离，水流非常急。那么现在我可以非常清楚地看到对岸的人了，大家看对面的情况可以看得清清楚楚的。那么刚才这段时间我们注意到，石头主要是往江堤的两头来投，这是为什么呢？主要原因是它的引水面受水流的冲击比较大，所以需要用大石头给它巩固，而它的回水面这个时候也会受到水流的冲击，所以一般都是先往这两头投，两头巩固了以后，中间再往前前进。大家看现在主要是往两边投石料，看得很清楚。
今天整个三峡围堰一共是投入了1000多人，300多辆车，这在以前是完全不可想象的，那么这主要是一方面采用了先进的设备，当然还有科学的管理，但是更重要的是承担三峡工程建设的这支队伍是一支能打硬仗的实力雄厚的队伍，据我们了解，今天他们所挑选的，都是一些精兵强将，不一定每个人都有机会来参加今天的会战。老于，是不是每个人都能参加啊？
【老于】那不行啊，这都是经过挑选的工作人员。
【记者1】今天都是些什么人啊？
【老于】今天我们有共产党员，有劳动模范，有先进的要求入党的积极分子，还有我们要求出国却没有出国的同志。
【记者1】还没有出国的同志都放弃出国的机会了。
【老于】对对对，他们愿意在这里搞截流。</td></tr>
<tr><td>全景：挂着“长江委水文”的船只——摇到现场报道的记者——向左摇到对岸——推到流动的河水</td></tr>
<tr><td>切到中景：记者站在画面右侧做现场报道</td></tr>
</table>

续表

<table>
<tr><th>画　面</th><th>声　音</th></tr>
<tr><td>推镜头采访“老于”，记者背对镜头——摇镜头，落幅是“共产党员号”
（穿插远景：“共产党员号”工作）</td><td>【记者 1】今天一个小时后，这个最后的冲刺将怎么实现？
【老于】通过那个推土机实现。
【记者 1】是“共产党员号”，就这辆是吧，这位师傅的名字叫什么名字，你能告诉我们吗？
【老于】雷元斌，51 岁，他的师傅是葛洲坝截流的第一刀。他就是他的助手。
【记者 1】什么叫第一刀啊？
【老于】就是最后一刀。
【记者 1】最后的时刻推那一下叫最后一刀是吧？
【老于】对对对。
【记者 1】今天任务由他完成？
【老于】今天最后一刀也是由他完成。
【记者 1】各位观众，现在的时间是 2 点 33 分，34 分了，再过一个小时让我们共同期待大江截流的历史瞬间。好，龙口的报道就到这里。</td></tr>
<tr><td>远景：长江的合龙工作现场</td><td rowspan="3">【记者 2】那么从我这个位置上看过去，龙口的距离已经越来越小了，所以我们这个摄影船也尽量地往前移。现在我看我们之间的直线距离，现在大概已经在 20 米左右了，所以说，现在大江合龙已经是胜利在望了。不过越在这个时候越不能掉以轻心，我们可以看到两岸的施工者一个方面是积极推进，而另一个方面呢，也在稳扎稳打不断扩大和巩固自己的战果，在两岸加宽。在龙口的中间我们看这个水文测量船还稳稳地停在中间，获取最后的那些珍贵的水文数据。那么我们大家如果从工地上仔细看一看，可以发现几个问题，许多情况。两岸的车辆现在排得非常整齐，在等待着向龙口最后的冲刺，在这个车里我需要向观众朋友们介绍一种大型的卡车。那是一种巨大的大型装载车，它的载重量是 80 吨。80 吨意味着什么呢，我们有人进行过计算，就是说这个 80 吨的卡车一车几分钟运一次，这个工作量就相当于 80 个人干一天的工作量，可见这个效率是非常高</td></tr>
<tr><td>镜头从“长江水文”的工作船拉到现场报道的记者，中景，记者在画面右侧做现场报道</td></tr>
<tr><td>（穿插镜头：工作中的大型卡车、上面运输的石头、倒石头的推土机和指挥工作人员、长江合龙现场的远景镜头）</td></tr>
</table>

续表

画　　面	声　　音
	的。除此之外那些在两岸堤头打先锋的推土机,个个都在1000马力以上,正是有了它们,才使大堤不断向两岸延伸加固,使得这个堤头更加可靠。像这样的现代化的装备,在我们三峡工地上可以说是处处可见,比如说设立在右岸中宝岛上的大型的卡带机,那个卡带机可以实现水泥浇筑的连续浇筑,那个卡带机是我们从国外专门定做的,目前全世界它是最大的,除此之外,比如说进行上游围堰中间的那部分防震墙的架设、固设,还有双头的挖槽机,也都是世界的一流水平。可以说在三峡工地上,现代化的装备几乎成了全世界的一个先进设备的博览会。好,现在龙口正在进一步往前延伸,下面的情况由我们其他位置的记者继续向您播报。
从电脑前的工作人员摇到记者,近景,记者站在画面正中做现场报道——镜头跟拍记者介绍显示器上的龙口示意图——跟拍记者走近指挥长	【记者3】您好观众朋友,现在离最后合龙的时间已经不到一个小时了,现在整个指挥部比刚才看上去更为紧张忙碌了,但是非常有序,应该说现在已经到了最后大会战的最后关头,那么现在的水流流速是每秒2.43米,流量是每秒8480立方米,在施工方原来所控制的范围内,也就是说,施工是在正常的范围里进行,看了今天的长江水呢还算是体谅工人们的艰辛,在这样一个特殊的日子里,也要助他们一臂之力。那么现在在我身边的这个显示器上,我们可以很清楚地看到,这个是原先40米的龙口,现在已经缩小到很小很小一个倒三角形了。最新的数据显示它们这个龙口还剩下14.5米,应该说现在这个安全系数已经是非常的大了,那么要填满这样很小的一个三角形呢,据说还需要2700方的石方。好,下面让我们抓紧时间采访一下指挥长。 　　陈总,能打扰一下吗?我想问一下,现在已经进入最后的关头了,作为总指挥来讲,在这样的最后的一刻,我们要把握的最关键的问题是什么呢?

续表

画　　面	声　　音
近景:采访陈总 (穿插工作现场的镜头)	【陈】现在这个上游的龙口只有14米左右,那么还剩下的量只有2000多方,现在差一个小时两边就要握手了,我们的推土机要在那里握手了,我们两侧的葛洲坝的主力要在那里握手,就是说葛洲坝的一公司和葛洲坝的二公司就要在那里握手,那么这个时候我们要把宽度做好,安全工作要做好。 【记者3】那么就是说最后合龙这一刻会采用什么样的方式合龙? 【陈】我们两台推土机从左右两岸相互接近。 【记者3】一个堤头是两辆,那么一共是四辆往中间合龙? 【陈】对,我们准备四辆,最后我们再根据情况再做调整,待会儿通过电视你们就可以看到,到底几辆。 【记者3】那么合龙之后,我们要用什么样的措施去保证这个堤头的安全?需要去加固保证它的稳定性吗? 【陈】那么接上以后,我们要以最快的速度进行填平还要加宽,要加固。
摇镜头:从记者摇回到指挥岗位的陈总	【记者3】那么合龙之后的宽度是多少呢? 【陈】那么我们要保证在20米以上。 【记者3】那么你们的标准宽度是多少呢? 【陈】应该是30米。 【记者3】30米,那么说紧急加宽到30米? 【陈】对对对对对。 【记者3】那到时候人和车都能够走吗? 【陈】能走,确保通行。 【记者3】那么你们最大的车是77吨,这个车能走吗? 【陈】可以保证三车道过。 【记者3】哦,谢谢您。那么现在让我们一起来期待着大江合龙最后圆满成功。

续表

画　面	声　音
从"导流明渠"摇到做现场报道的"记者 4"，记者中景，位于画面左侧 再摇到导流明渠里的一艘游轮 （穿插导流明渠的全景） 镜头拉回"记者 4"，和航指 03 联系	【记者 4】观众朋友，我现在还是在合龙口右侧的纵向围堰上为您进行报道。在合龙口上，建设者们正在奋力拼搏，他们的目的是要把长江水拦腰斩断，而在我左手边这个导流明渠，却要保证长江水在这里畅通无阻。从今天上午到现在我们看到的情况，在导流明渠中，各种船只航行都非常顺利。观众朋友们现在看，现在驶过来这是一艘游轮，这艘船现在正在上水，它通过导流明渠的时间大概需要 10 分钟左右，我现在把这个导流明渠的情况给大家做个介绍。这个导流明渠，从我这一侧到对岸那一侧一共是 350 米宽，这个导流明渠完全是用人工挖掘出来的，在这个渠里，完全是混凝土浇筑的，在我站的这一侧，水深是 12 米，在对岸那一侧，有 8 米，因为只有这样的水深，才能保证在这个地方目前在长江上通行的所有的船只都能够顺利通过。那么今天上午的情况我们回头看一下，现在过来一艘游轮，观众朋友们看到的就是目前正在导流明渠中指挥航运的我们对讲机所联系的航指 03 号，我们现在跟他联系一下。 航指 03 你好，航指 03 你好，中央电视台呼叫。 【03】我是航指 03，我是航指 03。 【记者 4】我想请问一下，从今天早上到现在整个的通行的情况。
摇推到游轮甲板上的人	【03】从今天早晨到现在，整个的通行情况比较好，所有的船舶都能够安全、顺利地通过导流明渠。 【记者 4】他刚才说的这个所有的船舶都能够安全顺利地通过导流明渠，观众朋友我们现在看，一艘游轮开上来了，在它的前面是一艘水文部门的工作船，我们看到在这个船上，在甲板上站满了游客，今天早上在这个导流明渠通过的所有的船只几乎在甲板上都站满了人，从下游上来的船上的人都在非常认真地看这个大江截流的盛况，我们看到这个闪光灯在闪，很多人在照相，那么现在我想告诉大家一个信息呢就是，在这个 12 月 8 号，大江要截流的这个日期正式

续表

画　　面	声　　音
摇到做现场报道的记者	公布以后，据我们从重庆万县、宜昌和武汉了解情况看，凡是在今天白天通过这个三峡坝区的船票都被订购一空，很多航运公司还在今天加开了白天通过坝区的快班船，我们听到这个船正在向我们致意，我们深深地为这些朋友们对三峡库区的感情而感动，在这里让我们对他们说一声，谢谢你们！
镜头从看台上的人群摇到"记者5"，中景——摇到远处的观众 切到远景：对岸的情况 切到记者5的现场报道，全景 摇到后方的观众 镜头推到记者的近景做现场报道 摇推到合龙口 摇推到远处的主席台	【记者5】观众朋友，我现在是在望水坪群众观礼台上向您做报道，这会儿离预计的大江截留时间还有不到一个小时，您现在看到在我周围已经来了很多很多的群众，在我背后的山坡上已经站满了人，还有更多的人沿着沿江公路向这里汇聚，他们中有很多是三峡工程的建设者，更多的是曾经祖祖辈辈在这个土地上生活，因为三峡工程而搬迁的移民。说到这儿有个事儿让我非常非常感动，就在今天早上，因为直播工作的需要，6点钟天还蒙蒙亮的时候，我来到这儿，没想到有人比我们来得更早，我问他们从哪里来？他们说，我们从150公里外的荆州市赶过来，原来他们是曾经在这个望水坪村居住的村民，1993年因为三峡工程的需要搬迁让地搬迁到荆州市，那么今天他们要回到这里来看一看家乡的变化，也看一看大江截流。为了在这里占据一个有利的地形，他们昨天下午就从荆州市出发，那么昨天夜里，就在我身后的这辆卡车上过的夜，听到这呢，我要对这些非常可亲可敬的移民说一声，谢谢你们！ 　　因为在整个三峡工程的建设过程中，搬迁的移民总量超过了120万，就是这些移民们舍小家为大家的壮举，为三峡工程的建设提供了最根本的保证，就在刚才直播前我和这些观众朋友们聊天，他们告诉我，为了表达他们喜迎截流的喜悦心情，他们今天还带来了非常拿手的精彩的文艺演出，在大江截流后给大家进行表演，至于内容他们让我暂时替他们保密，等到顺利合龙后，咱们普天同庆。好，下面让我们来关注一下合龙口，我们现在看到合龙口已经比

续表

<table>
<tr><th>画　面</th><th>声　音</th></tr>
<tr><td></td><td>较窄了。此时此刻，我身后的这一万多名群众和电视机前的亿万观众在一起紧张地期待大江截流一刻的到来。三峡工程不仅牵动着千千万万三峡儿女的心，也牵动着12亿中华儿女的心，更牵动着这项跨世纪工程的决策者党和国家领导人的心。观众朋友们看到现在对面那个挂着国旗的主席台，过一会儿党和国家领导人将会来到那里和我们一起观看大江截流的壮观场面，也和我们一起分享属于我们伟大民族的喜悦。</td></tr>
<tr><td>合龙口全景</td><td rowspan="3">【记者6】各位观众，这里是三峡工程大江截流仪式的主席台，现在出席仪式的领导和各界嘉宾已经陆续到场，他们当中有各方面的领导，也有各部委、大专院校、科研单位的代表，有三峡工程的设计者和建设者，有老干部、老专家、外国友人和国内外厂商代表，还有正在参加国务院三峡工程移民工作会议的移民代表。在主席台的两侧，矗立着巨幅标语，是江泽民总书记和李鹏总理为三峡工程的题词。1993年9月26号，江泽民总书记为三峡工程题词：“发扬艰苦创业精神，建好宏伟三峡工程。”1994年12月14号，李鹏总理为三峡工程题词：“应用现代科学管理，创建世界一流工程。”此时此刻，我们在主席台上看到这样一个盛大的场面，确实让人感觉到三峡工程这个跨世纪的工程，的确牵动着无数人的心。刚才我注意了一下，今天几乎到场的每一位嘉宾都带了望远镜和照相机，刚才他们趁着仪式开始之前的这段时间纷纷在主席台上合影留念，我想他们同时也想把大江截流的这个历史瞬间记录下来，而且很多人都是隔几分钟就看一下表，隔几分钟就看一下表，可见此时此刻大家这种心情都是盼望着截流的那一刻，盼望着能够成为三峡工程的大江截流的这个重大历史事件的见证人。现在我们就来看看龙口，从主席台这个位置看过去，龙口已经变得很窄了，今天早晨的时候，江面上还有一层水雾，所以龙口位置看得不是很清楚。现在虽然半空中还有雾气，但是江面上的水雾已经散开了，所以从这个位置可以清楚地俯瞰这个龙口。现在的时间是下午2点48分，再过几分钟，三峡工程大江截流仪式就要正式开始了。</td></tr>
<tr><td>主席台全景</td></tr>
<tr><td>中景：记者6的现场报道

（穿插题词的全景）</td></tr>
</table>

图 2—8

图 2—9

图 2—10

图 2—11

图 2—12

图 2—13

1997 年是中国电视史上的“直播年”，三峡截流直播是这一年里的一次重大事件直播。从整体结构上来看，这场直播最大的特点在于现场报道构成了其全部的内容，记者与记者的报道之间没有主持人的串场来进行衔接，整个直播呈现在观众面前的是一个记者的报道接另外一个记者的报道，如图 2—14 所示。

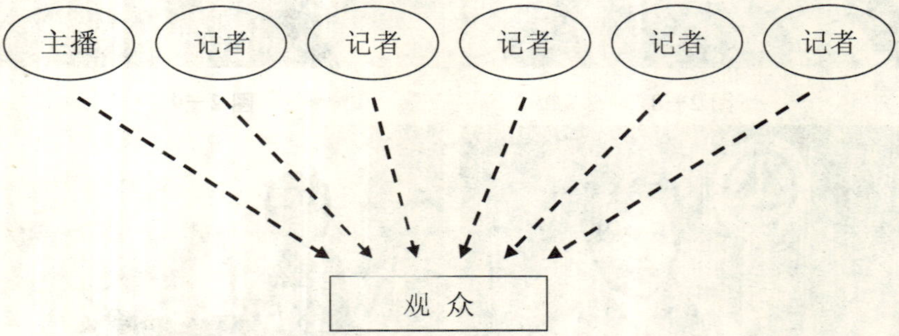

图 2—14

图 2—15

在这次直播中，演播室的主持人白岩松只是在刚开始的时候出现了一次。这次直播的演播室设在现场的一艘渡轮上，在当年，这被认为是非常有创意的一项设计。但从整体结构和传播模式上看，这种设计是值得怀疑的，因为无论从功能设计还是空间位置上看，主持人与记者都没有太大的区别。

由于演播室的功能没有发挥出来，整个信息的输出序列不由主播掌控，而是由后台的导播直接实现，因此尽管局部的报道是清楚的，但观众仍然很难对三峡截流的过程有一个清晰的整体印象。当记者说自己站在江堤上，站在合龙口的这一边、那一边，站在马上就有庆功会召开的地方，观众却并不是很清楚这些地方的方位。这就是演播室失位留下的遗憾，它再次提示我们主持人在电视新闻直播中的重要性。

二、人际传播的拟态

我们在上面谈到了主持人在电视新闻直播结构中的核心作用，以及电视直播对人际传播要素的利用，这一切都基于电视新闻传播的“拟人际交流”模式，而同时，这种模式又因为直播时代的到来而表现得更为明显。一方面我们可以说，直播刷新了我们对于电视媒体特性的认识；另一方面，对电视媒体特性的重新理解又成为我们进一步了解直播的基础。这种参差互现、互为表里的关系使我们有必要在这里对电视的传播模式与媒体特性稍作探讨。

媒介生态学者尼尔·波兹曼曾说，电视最大的特性在于这一媒体“为电报和摄影术提供了最有力的表现形式，把图像和瞬息时刻的结合发挥到了危险的完美境界，而且进入了千家万户”。[①] 将他所说的这些特点归结起来，其实就是电视在传播模式上最大程度地使大众传播接近于人际传播这种源远流长而历久弥新的方式。

这种特性和模式取决于电视在两方面具备的能力。首先，它能通过直播实现对信息的即时传播，这正如两个人说话时，一个人发出的信息能够立即被另外一个人接收到而不产生时间的间隔。其次，通过电视屏幕，说话者的形象、声音、表情、举止、气质、魅力，全部都能让观众接收到，这同样类似于人际传播时的情境。因此，电视实现了人类跨越时空全感传

① 〔美〕尼尔·波兹曼：《娱乐至死》，章艳译，广西师范大学出版社2004年版，第103—104页。

递信息的理想，它通过对人际传播方式的模拟达成了前所未有的大众传播状态，这正是电视传播模式的基本特征：人际传播的拟态。

1. 空间媒介

人类发明电视的初衷是什么？其实早在100年前“television”一词出现时就已明确，它的意思就是远距离观看。这一初衷对于电视媒体的发展至关重要，因为它决定了电视传播最基本的特性和优势。我们不仅希望足不出户便知天下事，更希望我们的视力能够跨越遥远的空间，亲眼看到异国他乡发生的实在场景，正是电视实现了人们“千里眼”的梦想。因此，从跨越时间与空间的角度来看，电视首先是一个空间媒介，无论与其他媒体还是自身跨越时间的能力相比较，电视在跨越空间方面都表现出了非凡的能力，这种能力主要立足于不断提升的电视传播技术，当然，无所不在的传播终端——早已进入千家万户的电视机也是一个必要的前提。

简单回顾一下电视技术的发展史，我们会发现，电视在技术上的多次重大突破都主要集中于如何提高电视媒介跨越空间的能力。也就是说，如何扩大电视信号传播的范围，并降低电视信号跨越空间所消耗的时间成本，有线电缆、微波传送以及卫星技术的实质都是如此。以在电视传播中具有重大突破意义的关键技术——卫星技术来说，从1962年7月美国发射的第一颗通信卫星——“电星1号”成功进行了横跨大西洋的电视转播试验，到现今SNG设备在全世界范围内的广泛采用，其主要目的正在于突破空间的束缚，获得在全世界范围内传播电视信号的自由。

现今的直播卫星技术帮助人类实现了久违的传播理想：异地同时的信息共享，更重要的是，这样的信息还是包含着那个遥远的异地的形象、声响的具体内容的。可以说，电视将人类利用媒介跨越空间传播信息的能力发挥到极致，它是一种即时的传播，电视信号的发送和接收都在同一时间进行。自CNN在第一次海湾战争中的神奇表现之后，电视新闻直播已成为人们获取新闻的习惯。电视的这种迅速跨越空间的能力曾经让文字媒体报纸相形见绌而不得不将自己的重点转向深度报道。因此，电视所谓时效性强的优势，其实是跨越空间的能力，它指的是电视跨越空间需要花费的时间非常少。毫无疑问，电视是性能优良且高度大众化的空间型媒介。

从跨越时间的角度来说，电视同样能够记录和保存信息，但是，它并不是一个良好的时间型媒介。这首先是由电视的载体和介质决定的：电视至今也没有找到一种跟文字传播中的纸张类似的介质——这种介质集存储与播放于一身，制造成本非常低廉，同时占用的空间非常之小，便于携带、存储和观看。与文字相比，电视信号所需要的存储空间更大，这限制了电视克服时间束缚的能力。即使到了数字时代，在虚拟空间中，影像所占用的空间也比文字大得多，因此，在互联网上播放视频仍然是一个难题，需要带宽达到一个较高的水平。同时，电视信号比文字远为复杂，它需要的处理系统也就更加复杂，人们必须借助于专用的设备才能享受到电视信号，这个设备常常需要坐落于客厅的中央，而显然不便于随身携带。

另外，对电视信息的读取也严格地受到时间的限制。至少在现在，电视节目何时播出，以及按照什么样的顺序播出，都还无法让观众自由选择，观众必须严格地按照时间顺序来观看电视，而不可能像看报一样可以随意选择先看头版还是末版。而且，电视的收看过程是不可逆的，除非将电视节目录制下来，否则看电视的过程就不可能像看书看报一样可以重复，在这一点上，电视节目跟口语相似，“说”完就形迹全无，再也无法找到它的踪迹。

2. 全能符号

除了在传播的自由度方面具备克服空间限制的优势以外，电视在信息保真度方面的优势更为明显。电视能同时传递包含画面、声音、文字、音乐、音响在内的多种符号，这些符号同时作用于接收者的不同感官通道，因此无论从传送信号的信道系统来说还是从接收信息的感官通道而言，电视都是一个多通道传播系统。

其实从利用口语作为主要传播符号的人际传播开始，人类的传播都是在多个符号层面上进行。“人们进行传播时，几乎都会通过多种符号渠道传递和接受意义。”[①]而当人类传播进入电视阶段后，这种特征就体现得更为明显了。“按符号学的观点，从总体上说，电视节目最重要的特点之一或许是同时使用五个频道的趋势”[②]（“五个频道”指的是：图像、文字、声音、音乐、音响——引者注）。同时使用多种符号通道使得电视可以提供一个比报纸和广播等媒体看起来更为“真实”的世界。

与报纸、广播相比，电视提供给人类的世界好像是真实世界的自然复制，原因在于电视能为各种来自生活的信息提供最接近其本真状态的符号系统。而且，这些符号系统之间相互组合、相互限定，从而使意义的传递十分地确切、具体和固定。电视使用的多通道符号系统使得其对真实世界的复制不再像文字符号那样可以随心所欲地被切断和组合。马尔丹在谈电影语言时说，“电影画面却是十分明确的，至少从它在每个观众身上所引起的思想活动来看，它还是单义的。因此，很明显，以画面——思维为基础的电影画面，其含混性远较口头语言为少，而从其严密性看，它

---

① 胡正荣：《传播学总论》，北京广播学院出版社 1997 年版，第 118 页。

② 〔美〕罗伯特·C. 艾伦：《重组话语频道》，麦永雄、柏敬泽等译，中国社会科学出版社 2000 年版，第18 页。

倒更能使人联想到数学语言。”[①]这一点对于电视而言同样适用。

更重要的是，在同一时间传送给观众的这些符号无比“自然”地聚合、重叠在房间里的一个矩形画框中，互相之间配合默契，用一个二维平面向人们传达着这个世界多维度的信息和意义。正如文化评论家雷蒙德·威廉斯所言——电视建构一种不断流进家庭的文本材料“洋流”。“洋流”所喻指的不是一系列孤立的文本，而是一条形象和声音的河流——虽然它到处有通道，到处被堵塞，但此河流从没有任何一个部分是与其余部分完全分隔开来的。正是因为能够为多种符号提供通道，才使得电视具备了良好的还原生活“原生态”的能力。

除了为多种符号提供通道以外，电视还具备强大的符号整合能力，后期合成平台（无论是线性的还是非线性的）能够将各种符号自由组合，完成意义的传达，画面与画面之间、画面与声音之间丰富的蒙太奇组合就是再好不过的例子。为多种符号提供通道是电视传播的基本特点。电视传播的多符号特征随着电视技术的日新月异而表现得愈发明显。电视成为现今大众传播体系中最强势的媒介，与电视传播的这一特点密不可分。

从以上的分析中我们看到，电视几乎兼容了以往所有种类的传播符号与传播方式：它是从绘画开始一直到电影的图像的延伸，它是从说话开始一直到电话、广播的口语的延伸，它还是从石刻甲骨开始到纸张印刷的文字的延伸。不过有趣的是，这仿佛让我们又回到一个老生常谈的话题上面了，即电视符号是图像、声音、文字三者的组合，果真是这样吗？

其实，图像、声音、文字这样看似清楚的三分法并不能表明电视在符号层面的真正特点。电视在传播符号上的真正特点在于，它能同时对包含语言符号和非语言符号在内的多种符号进行传递，其中尤其重要的是

---

① 〔法〕马赛尔·马尔丹：《电影语言》，中国电影出版社 1980 年版，引言第 6—7 页。

它为多种非语言符号提供了传播通道，实现了多种符号的共时传播。正因为这样的特点，在信息保真度方面，也几乎没有哪一种媒介能与电视相比。

更为重要的是，电视使得大量的非语言符号进入到大众传播中，并使得这些非语言符号取代了传统的语言符号（口语和文字），成为主要的符号形式；同时它又能够按照语言的逻辑来对各种符号进行编码，从而为受众提供一个几乎无所不包的符号阵容。

不断前进的电视技术使得电视的这种特性得以继续加强。从黑白电视发展到彩色电视，色彩这种非常重要的非语言符号进入传播中；ENG技术的采用使得声音和画面能够被同时记录和采集，从而使得表情、动作、服饰、氛围等借助于视觉传递的非语言符号能够与口语、口音、音响等听觉层面的非语言符号同时传递；如今方兴未艾的数字技术、高清技术正在改写历史，它们将彻底颠覆电视各种符号的呈现方式。

立足于一个非常强大且不断升级的技术平台之上，电视在符号层面将语言符号与非语言符号良好地结合在一起，从而为形成一种平易近人的传播状态提供了可能。

3. 人际拟态

进一步了解电视符号系统内部的运作方式，我们立即就会发现，电视总是以语言的方式（在行为上体现为说话）来组织语言符号和非语言符号，使二者成为一个能够传递具象信息的符号体系的。

尽管目前已经有很多研究表明，非语言符号（包括画面、音乐、音响）在传递信息的过程中占据了主要的作用（有的研究结果证明是70%），但从叙述的组织这一角度来看，这样的划分显然有些简单。实际的情形是，语言符号和非语言符号互相配合来完成意义的生成。比如，画面上说话者的表情可以加强他所说内容的意义，而屏幕上出现的关于他身份的字幕又可以提醒观众他说话的立场，这种“加强”、“提醒”都会产生对意义的限定。不过，在传递信息的过程中，由于非语言符号在大多数时候是模糊的、不明确的，因此，语言符号更多地承担了意义表达的任务。也就是说，电视主要是按照语言的方式组织语言符号和非语言符号来完成表达的。

电视在按照语言的逻辑对语言符号和非语言符号进行组织的时候，更多地倾向于口语的逻辑而不是文字的逻辑。“任一媒介都有其独特的个性，而电视语言的‘符码’(code)算起来比较偏向说话，而非书写。如果我们任意将‘电视正文’(television text)当做文学作品来‘解码’(decode)的话，除了注定要失败，也会得出一种对电视不公平的负面评估。”①这样的叙述方式在具体的语言行为上就体现为：电视是按照类似于“说话”的方式——也就是人际交流的模式——来组织叙述的。“事实上，电视却有违文字时代的基本价值……以文字书写而言，它注重前后一致、因果逻辑、抽象、清晰、人称等要素；相反地，电视则是短暂、片段、特定、具体以及戏剧性，且它的意义来自对比、矛盾、‘符号的并置’(juxtaposition of signs)，与口语及视觉的逻辑。”②在尼尔·波兹曼看来，电视甚至在根本上是文字文化的颠覆者：“电视无法延伸或扩展文字文化，相反，电视只能攻击文字文化。如果说电视是某种东西的延续，那么这种东西只能是19世纪中叶源于电报和摄影术的传统，而不是15世纪的印刷术。”③

那么，电视为什么要按照说话——人际交流的方式组织自己的叙述呢？按照媒介进化论的观点，这是人类的自然选择，简单地说是因为人际传播在所有的传播模式中效果最好。利用电视因直播而具备的即时传播

---

① 〔美〕约翰·费斯克、约翰·哈特雷：《解读电视》，郑明椿译，台湾远流出版社2002年版，第8页。
② 同上。
③ 〔美〕尼尔·波兹曼：《娱乐至死》，章艳译，广西师范大学出版社2004年版，第110页。

特性以及传递多种符号的能力,电视新闻在传播模式上已经能够最大限度地接近人际传播这种模式:当一个新闻节目开始的时候,总是由主播向你问好,引出事件,与现场记者交流情况,对当事人进行采访。总之,这一切信息的传递,都是在人与人的交流中展开的,尽管是以变动的现场画面作为核心,但它必须包裹在一个类似于人际传播的系统之内。它实现的效果正像一个人把你带到他所要告诉你的实物面前,细细地向你讲述其来龙去脉,它是一种人际传播的"拟态"——"电视就像是理所当然的日常语言,它有助于了解人类如何建构周遭世界"。①

不过,电视传播还只能是人际传播的一种模拟状态。之所以称为"拟态",是因为电视媒介与观众之间的信息传递是单向的、不可逆的,在主播和记者之间进行人际交流时,观众只能听到他们说话,而没法向他们说话。尽管有非常投入的观众在自己喜欢的主播说"各位观众晚安"的时候也会在心里祝愿这位主播晚安,但没有人会将这种内心的祝愿说出来,因为人们都明白:电视里的主播是无法听见的。从这个意义上讲,电视还是单向的传播,而不是双向的交流。正是因为电视媒介与观众之间无法形成真正的人际互动,电视传播才需要借助尽可能多的人际交流元素和过程来改善大众传播的效果。

① 〔美〕尼尔·波兹曼:《娱乐至死》,章艳译,广西师范大学出版社 2004 年版,第 110 页。

第三章

流程与环节

一、直播的流程

二、全能摄像师

三、记者工作的变化

电视新闻直播以演播室的主持人为结构核心，通过主持人与现场记者的连线交流，形成了“拟人际传播”模式和“对话”语态。

那么在具体的电视直播中，这种结构、模式和语态是通过怎样的方式实现的？电视新闻直播的基本流程与环节是怎样的？本章将通过分解一些直播的具体过程来解答这些问题。

一、直播的流程

按照不同的标准，电视新闻直播可以划分为不同的类型。

从题材上看，电视新闻直播一般分为可预知事件直播与突发事件直播。可预知事件直播指的是对观众已经提前知晓的某一事件进行的直播报道，比如对香港回归、三峡截流、日全食、连战大陆行、神舟六号飞船升空、北京奥运会等事件的直播就是这一类型。这些事件在发生前已经确知发生的时间、地点、主要人物以及基本的事态进展与活动安排，因此，电视新闻机构可以提前进行充分的报道准备，在直播之前往往已是万事俱备，只要事件按时进行，直播即可按既定方案展开。

突发事件直播指的则是对突然发生、事前并不知晓的事件进行的直播报道，“9・11”事件、伊拉克战争、汶川地震、日本地震等直播都属于这一类型。由于事发突然，电视新闻机构在事前没有准备（有的事件可能有所准备，但不知确切时间，比如伊拉克战争），因此需要在极短的时间之内决定是否需要直播，如果需要直播那么应该按什么样的方式进行直播。

对突发事件的直播，观众事前没有心理准备，因而对事件的进展和结果高度关注，这一类直播往往就会获得非常高的收视率。

按规模的大小，直播可以分为一般直播与大型直播。一般直播指的是在日常播出的新闻节目中，按正常节目的制作要求，不需要额外投入人力和设备就可以实现和完成的直播，前面提到的《南京零距离》等民生新闻栏目中大量的直播报道就属于这一类型。而对一些重大事件的直播报道，投入的人力、动用的设备、牵涉的部门都非常多，直播持续的时间长，需要制订专门的直播方案，由多个部门联合实施，这一类直播就属于大型直播。

从操作流程的角度来看，电视新闻直播则可以分为非常规直播与常规直播。非常规直播指的是需要打破日常节目的播出安排而进行的直播，常规直播则指的是按事前计划或正常节目安排进行的直播。无论是常规还是非常规，电视新闻机构要做好直播，都必须熟练掌握直播报道的基本流程，形成各个环节的操作规范，否则在直播时就会手忙脚乱。

1. 非常规直播

非常规直播指的是在一些重大的突发事件发生之后，电视新闻机构打破正常节目的播出安排，对突发事件进行的直播报道。这一类直播的题材一般是对社会有重大影响的突发事件，尤其是天灾人祸。从类型上看，这一类直播既是突发事件直播，又是大型直播。比较典型的例子如“9・11”事件、伊拉克战争、汶川地震、日本地震等的直播。

非常规直播对电视新闻机构的反应能力提出了极大的挑战。在接到新闻线索之后，电视台的决策层需要立即决定是否进行直播。一旦确定进行直播，编辑部马上就需要制订新的编播计划，包括直播何时开始，内容如何组织，报道人员如何确定，演播室主持人由谁担任，需不需要请嘉宾，背景资料如何搜集，停播的节目如何安排，等等。由于直播在仓促间上马，即使是再训练有素的人员在节目中也难免出错，当然，能否应对和处理直播过程中临时出现的各种状况，也显示了电视新闻机构和人员对直播流程的掌握能力。在这方面，凤凰卫视在“9·11”事件直播开始时的表现就是一个很好的例子。

凤凰卫视对“9·11”事件的直播是一次典型的非常规直播。在凤凰卫视美洲台记者第一时间发回报道之后，凤凰卫视决定中断正在播出的节目，对这一重大突发事件进行直播。编辑部在其后的几十分钟之内完成了获知消息、分析判断、决策筹谋、分工落实的全过程。当晚9点33分《时事直通车》节目一结束，正在上班以及已经下班又闻风而来的各级主管、编辑、记者、导播、制播、剪接、技术人员等已经进入直播状态，临时召集的主持人在凤凰卫视资讯台演播厅还没有坐稳，纽约现场画面就已经推出，凤凰卫视中文台、资讯台、美洲台并机直播的特别节目“美国遭受恐怖袭击”正式开播了。由于根本没有准备的时间，陈晓楠只能一身便装上场主持，她用了抱歉式的开场白：“对不起，我没有化妆。”这不禁让人想起哥伦比亚广播公司（CBS）在美国总统肯尼迪遇刺之后的电视直播中，其记者面对镜头气喘吁吁地进行报道时，也用了抱歉式的开头：“请原谅，我有些上气不接下气。”突发事件的直播过程中出现这种小问题一般来说无伤大雅，处理得好还能为电视台和记者、主持人加分。

在非常规直播的操作流程中，非常棘手的问题在于要中断正在播出的节目。何时中断，对中断的节目如何处理都让电视台颇费脑筋。正在播出的节目不是特别重要还好处理，如果此时正在播出的恰好是非常重要的节目，那么就很难处理了。在这方面的一个典型的例子是美国国家广播公司（NBC）对“辛普森案”的直播。

辛普森案直播是美国电视新闻史上的一次重大事件，这起事件备受关注，且直播持续时间非常之长。事件经过大致如下：1994 年 6 月 13 日，美国前橄榄球明星、影视界当红演员辛普森的前妻尼科尔和她的男友罗纳德·戈德曼的尸体在尼科尔的公寓外被发现，当日警方传讯辛普森后又将其释放。律师说服警方同意辛普森在 6 月 17 日上午 11 时自首，但他并没有按时现身。警方追踪到辛普森汽车上的无线电话曾从橙县打出过电话。一位警官驾车巡逻时，发现一辆辛普森好友阿尔·考林斯名下的福特野马白色轿车沿 405 号州际公路向南行驶。当警官试图靠近野马车时，驾车的考林斯大声警告说，辛普森正持枪对着他的脑袋。警官不得不后撤，但仍以低速紧跟其后。数千名围观者聚集在沿途的立交桥上，等待白色野马车的出现。追捕持续到晚上 8 时，直到辛普森到达他在布伦特伍德的家，此时已经行驶了 50 英里的路程。辛普森被准许进入家中逗留一个小时。他的律师罗伯特·夏皮罗赶到数分钟后，辛普森投案自首。

对这起事件的直播最开始是由哥伦比亚广播公司下属的 KCBS 电视台租赁的洛杉矶通讯社直升机独家报道追捕场面，后来其他媒体也纷纷介入，超过 20 架直升机追踪报道了这次追捕。当地和全国电视新闻节目中都报道了该事件，有 9500 万观众收看。美国广播公司新闻频道（ABC News）全程直播了追捕过程，由主播彼得·詹宁斯和芭芭拉·沃尔特斯主持，收视创下了当周最高。国家广播公司（NBC）则中断了 NBA 总决赛纽约尼克斯对休斯敦火箭队的第五场比赛直播，转而播出追车画面。不过非常特殊的是，NBC 在对追捕的直播过程中，还用双视窗的方式保持了对 NBA 总决赛的直播。我们来看 NBC 直播过程中的一个段落。

【女】现在的情况是，官方从今天下午 5 点半就开始追踪他。显然，他们可以接通车内的电话，如今的技术真是令人惊讶，可以让警方跟踪电话（确定他的位置），从而进行追捕。

【男】他们是从5点51分开始通话的。你是对的，现在的科技真的很发达，在屏幕的左边是休斯顿和纽约的比赛，我真的不想关注它了，我也不知道比分是多少。

【女】我们应该注意到，我们谈的是警方和高速公路巡警的追捕，正如我们先前提到的，谈判专家约翰·麦凯也参与到此次追捕行动中，他一直试图通过车载电话联系O·J.辛普森。

【男】真的是很怪异，左下角的是NBA职业联赛的决赛，我们同样关注屏幕的另一部分，追捕这个国家诞生的一个橄榄球队员。这边发生了什么呢？

【连线】你知道，很多人在快车道，他们停下车来看，并不是所有人都在这里，因为有些路障。有些人流下了眼泪，抽泣着，很多人支持辛普森，这是一种向他传递这种支持的方法。当辛普森开车路过时，他们就出来了，现在这条高速路都变得令人激动，这可能是为什么这里有这么多人的原因之一，并不只是单纯的好奇。

【女】从这里看洛杉矶的交通，看起来车非常少，你是不是说出口已经关闭了，你去到那里时高速路限制通行？

【连线】是的，已经关闭了，他们希望人们离开高速公路，他们要所有黑人和白人都退到路障后，确保没人经过辛普森。

【男】我们只能想到，两个卷入此事件的孩子，他们一个9岁，一个6岁，一个是西德尼·辛普森，一个是贾斯汀·辛普森。我们的摄像机出了问题，我们一会儿会回到画面。你肯定会为这两个孩子揪心，他们将熬过这一切，我们只能希望他们没有看这些而是正在享受生活。

【连线】我必须说，坐在这里看到这一切，这一个星期以来都是噩梦，很难想象这样的事情发生了，仅仅几天的时间。

【男】我不知道我们的摄像机怎么了，你现在看到的是直升机的螺旋桨。

【女】我们试着找出我们摄像机的问题，我们知道，世上很多黑人和白人，包括福尔曼警官也牵涉其中。

【男】看起来我们失去了直升机上摄像机的信号．麻烦谁来帮助我们一下。我们正在看的是篮球比赛，好的，继续。

【连线】4 号或者 5 号北向的公路上，追捕正在继续，有一些黑人加入了追辛普森的行列，交通并没有缓慢下来，后面有很多人乐于维持这种"远行"，但是警方一直试图让辛普森停下来。

【男】让我来告诉你，现在你是我们的耳目，因为我们的直升机追踪得太久了，它必须要加油。因此，我们只能看比赛的同时来听你的解说，所以说如果你那边能够一直帮我们传达画面，这就太棒了！

【女】好了，我们有了第二架直升机，它刚才已经加满油了。

在 NBC 对追捕辛普森的直播中，由于事件现场在很长一段时间之内并没有太多实质性的进展，画面上一直就是警车追随辛普森而没有任何变化(如图 3—1)，因此，在保持对追捕过程进行直播的同时，NBC 还用双视窗的方式(如图 3—2)对正在进行的 NBA 总决赛进行直播，有时还根据两个现场的实际紧张程度在视窗之间来回切换。当然，这种情况即使是在非常规直播的过程中也不多见，它显示出重大突发事件的直播给电视台带来的挑战，以及在操作流程中经常遇到的两难处境。

图 3—1

图 3—2

2. 常规直播

常规直播指的是对可预知事件按既定方案进行的直播，或将突发事件纳入常规栏目进行的直播。可预知事件直播一般是重大事件的直播，比如对香港回归和北京奥运会的直播，很早以前就做好了编播方案，到了事件发生的时候，电视台只需要按既定方案播出即可。与突发事件的直播相比，这一类直播的难度和挑战相对较小。

对电视新闻机构而言，最难的是在不打破日常节目安排的情况下，将突发事件纳入节目内容。这意味着直播真正成为一种机制，成为一种常态。可以说，对突发事件的常规直播是电视新闻机构反应能力的重要体现。在这种直播中，电视新闻直播的操作流程就极为关键。我们通过美国国家广播公司洛杉矶直属台[①]对一起突发的公路枪击案的直播来了解这一类直播新闻的操作流程。

这起事件发生在下午 2：30 左右，警方接到报告说高速公路上发生了一起枪击案。编辑部在得到消息后，立即决定在晚上 5 点到 7 点的常

① 美国全国电视网（主要为 CBS、NBC、ABC 和 FOX）为争夺地方市场，与地方电视台之间签订直属协议或附属协议，地方电视台因而成为其直属台或附属台。

规新闻节目时段中对这一事件进行直播报道。这两个小时的新闻时间每半个小时为一档，而通常突发事件的直播报道都会作为头条新闻来处理。因此，在5点、5点半和6点的新闻中，头条都是关于这起事件的直播报道。我们来看看其具体的流程和环节是如何安排的。

先来看5点时段的报道。

表3—1

画　面	声　音	备　注
演播室 两人中景	【演播室】今晚5点的头条新闻是一个突发消息，南加州当地一个快车道发生了一起新的枪杀案。案件发生在塔斯汀附近的橙县，从当地55号公路到南向的5号公路的连接线上。大家晚上好，这里是5点新闻直播，我是保罗·摩耶。	
演播室 女主播的近景	【女主播】我是希琳·威廉姆斯。在两个月前发生过的两起枪击案之后不久，今天下午在塔斯汀附近的南向5号快车道又报告了一起枪击案。警察封闭了55号公路到南向5号公路的连接线，我们知道他们正在快车道上排查线索，看是否有弹壳等等任何可以显示枪击过程的证据。高速公路巡警证实，一个司机报告说一个人向他的车胎射击，这是一起两车之间的枪击案，我们得到的消息是司机没有受伤。但是警察仍然关闭了连接线，他们在快车道上寻找线索，我们的人员正赶往现场，我们会在几分钟后带来详细的消息。	
直升机航拍的镜头 寻找出事地点		
航拍镜头 警察正在搜查线索		
航拍镜头 警察正在搜查线索	【女主播画外音】回到现场，这是一起突发事件，55号高速路到南向的5号公路上发生了新一起车对车的枪击案。迟普正在现场，他将带来最新消息。迟普！ 【迟普】你好，这里是55号快车道到南向5号公路的连接线，事件发生在今天下午2点45分，我们赶到这里后得知没有人员受伤。这是一起车对车的枪击案，警察们认为嫌犯事后开车逃跑了。警察正在追捕疑犯。你们现在看到的是，警	

续表

画　面	声　音	备　注
警察正在搜查线索	察们正在排查证据，他们关闭了公路，他们不会放过任何小细节，他们把任何可以找到的证据集合在一起，他们非常关注涉案的这个人。这是最新的消息。我是NBC新闻第4频道的迟普。 【男主播】这个枪击案是否发生在连接线，而并不是在快速路的主车道上？我觉得这是一起发生在道路较窄部分的枪击案，就像是连接线，是吗？ 【迟普】是的。发生在高速路主车道上车与车的枪击案，车与车之间会有更多的空间。但在这个发生在连接线的案件中，两车之间靠得非常近，这是非常危险的。不过确实是没有人受伤，只有受袭击车辆的前胎被击中。警察希望找到任何与枪击案相关的证据。 【女主播】从传回来的画面看，嫌疑人的车是1997或1998年产的皮卡，还有什么别的证据吗？还有什么别的吗？颜色？ 【迟普】目前还没有，当然我们回来后会仔细地看录像。你知道现场是非常危险的一个情况，可以想见警察想抓住嫌疑人，但这是很有困难的。 【男】谢谢你迟普，他们正在努力寻找线索。最大的问题是，这几起枪击案是否与其他的枪击案有关系？只有找到证据才能得到结论，我们会持续关注，有更多的信息我们会及时报道。	

在这一时段的新闻中，演播室的主播首先对事件进行了简略的介绍，之后通过与现场记者的连线来对事件进行直播报道。这时的现场记者由直升机报道员担任。除了驾驶直升机以外，直升机报道员还要拍摄和传送画面，并完成远程采访和连线。他们既是技术人员，也是记者，是复合型的新闻工作者。

派出直升机报道员是对突发事件进行直播报道的第一个环节。在获知事件发生的消息之后，一旦决策层决定直播，编辑部就会根据报道的

图 3—3

需要，考虑是否派出直升机赶赴现场。在绝大多数时候，直升机是能赶到现场的最快方式。直升机上装有超远距离拍摄镜头以及信号发送与接收设备，可以通过转播塔台或卫星与电视台的播控中心连通。为了节约成本，美国的商业电视台一般并不直接购买直升机，而是租用专业机构的设备和人员。

在上面这段报道中，直升机所提供的现场画面在大幅度的来回晃动后才最终锁定目标：停在高速公路连接线上的一队警车。这是由现场的复杂情况决定的。加州是美国高速公路最发达的州，事发地点又在两条公路连接的立交桥处，直升机赶到了现场的上空以后，很难一下子找到合适的位置和角度进行拍摄报道。不要忘了，在现场拍摄的直升机可不只一架，往往是几架甚至几十架，而且警方、救护、消防等部门也有直升机在现场上空盘旋。为了不影响警务与救援直升机的活动，媒体的直升机一般在 1500 米以上的高空活动。由于距离地面较远，直升机报道的内容也受到了限制。尽管目前已有能在千米以外的高空稳定拍摄地面大特写的阳衡直升机，但由于成本高昂，还没有应用到电视新闻直播的报道中来。

在这一时段直升机报道员提供的信息中，最为重要的是确定了事发的地点，男主播摩耶还反复提问以确认事发地点确实位于两条公路的连接线上。画面上也能鸟瞰到事发现场的整体状况。其他的信息如事情的具体经过、被击车辆细节、当事人等都还无法提供，这些信息只能在后续的新闻报道中逐步确认。

接着来看 5 点半的新闻头条对这起事件的直播报道。

表 3—2

画　面	声　音	备注
演播室 男主播近景 （穿插位置模拟图）	【女主播】这里有一条突发新闻，大家看到 55 号和南向 5 号公路部分地区被封闭了，因为发生了新一起枪击案。晚上好，我是希琳·威廉姆斯。 【男主播】我是保罗·摩耶。还是从这个南加州的枪击案开始。这次事件很特殊，这是一起发生在连接线上的枪击案，这是公路上比较窄的地方，事发地点位于 55 号公路和南向 5 号公路的交叉处，现在可以确定这次的枪击案和两个月前的快车道上枪击案没有联系。今天下午，一个司机告诉高速公路巡警说，在他靠近 55 号公路去往 5 号公路出口时，一个人向他的车开枪。我们连线迟普，警察们还在寻找子弹和弹壳等证据吗？	
航拍镜头： 警察搜查线索	【迟普】是的，他们还在 55 号公路到 5 号公路之间寻找证据。他们找了 30 分钟，力图找到更多的细节。他们排查的时候人挨着人。没有人在这起事件中受伤，这个事件影响了交通，大家可能要绕过这段距离才能通行。这是迟普带来的最新消息。	

这一时段的直播报道非常简短，因为从事件现场的进展来看，并没有太多的变化和新的信息。但由于这是备受关注的突发事件，因此仍然作为头条新闻来处理，报道方式依然是通过主播与直升机报道员的连线来完成。

与前一时段不同的是，由于前一时段直升机报道员和现场画面提供了准确的事发地点和位置信息，这一时段的报道中出现了一幅事发地点的示意图（如图 3—4）。这幅图是后方播控机房中的技术人员制作的，也是这一时段直播报道的新进展。按道理来说，直升机提供的现场画面不是更容易让人知道事发的位置吗？恰恰相反，现场画面上，高速公路盘根错节，像蜘蛛网一样混乱，观众很难从画面中了解到事发地点的准确位置。新闻事件的现场往往都是混乱不堪的，直播就是要形成对现场的清晰叙述，要把现场中的一些重要信息提炼出来，加以强调并指出它的重要性。从现场画面中提炼出来的示意图就能起到这个作用。

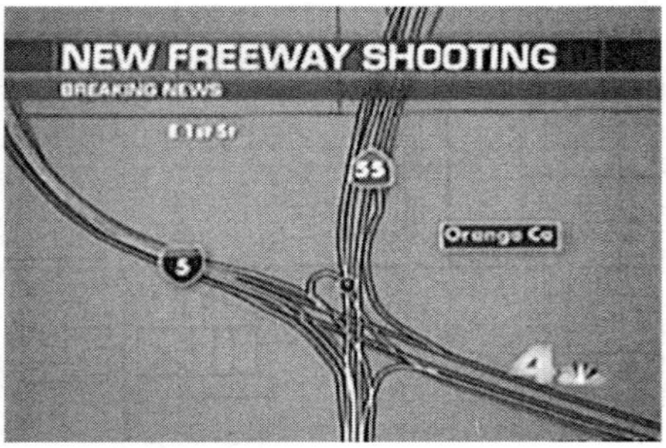

图 3—4

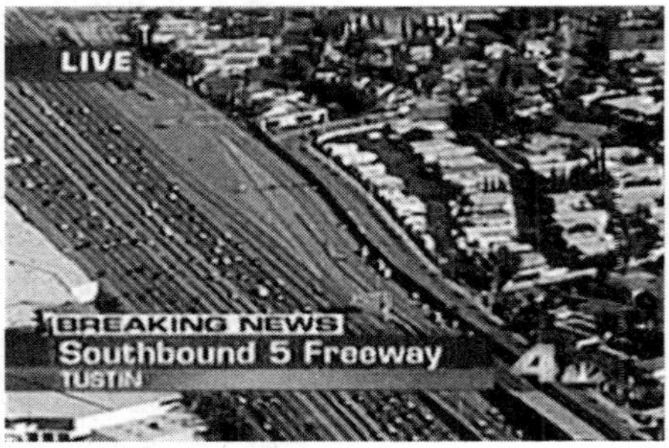

图 3—5

除了这个变化以外，直升机在这一时段提供的画面非常稳定而且准确（如图 3—5），先是缓缓地从高空拍摄的大远景向事发地点推近，之后又从事发地点缓缓拉开。这是根据报道需要作出的调整。这个时段的直播报道播出的时候，正值下班的高峰期，由于现场并没有太多的新进展，报道就转向这起事件对交通的影响，这是观众所关注的重要信息。

接下来是 6 点的新闻头条对这起事件的直播报道。

表 3—3

画　面	声　音	备注
演播室 另一位男主播的近景 （穿插位置模拟图）	【女主播】新一起枪击案发生在高速路上，这一次是在塔斯汀附近，下班时间到了，警察在快车道上寻找线索。大家晚上好，我是希琳・威廉姆斯。 【男主播】我是乔・凯瑞。6点的新闻首先带来的是警察在5号公路附近区域认真排查每块地方以搜索关于枪手的任何消息。一个司机报告警察说，他在接近55号公路和南向5号快车道的连接线上时，一个人射击了他的车胎，维基正在塔斯汀的现场。维基。	
中景：维基在画面偏右做现场报道 （穿插航拍的镜头和现场的镜头）	【维基】这会儿我站在南向的5号公路通向一个新的港口街道的路上，枪击案发生的区域被封闭了，警察正在找寻线索，特别是弹壳，他们找到一个了。我们得知受害者是塔斯汀一个17岁的小伙子，这个小伙子说，他的车从55号公路向南向的5号快车道换道时，嫌疑人与他的车并排着开，用左轮手枪指着他，开了一枪打到了他车的右前轮胎。这位受害者离开了高速路并寻求帮助，随后高速路就被封闭了，高速公路巡警和塔斯汀的警方立即在这里拉响警报，并迅速搜寻受害者和嫌疑人行驶过的路段，我们知道他们搜寻了大约30英尺。	
近景采访：	【采访】车上只有一人，他大概35岁到40岁，穿红色的长款T恤。	
中景：维基在画面偏右做现场报道 （穿插航拍的镜头和现场的镜头）	【维基】看一下即时的交通情况，6点的时候，高速路上有很多要回家的车。我们知道这是三起发生在一米之内的枪击案之一，调查人员说，三起案件发生在这一个地方是地理上的巧合，现在还不能将这一起与其他的联系起来。从今年的1月到现在，高速公路上一共发生了14起枪击案，警方说他们还将在连接线上继续寻找线索，让犯罪嫌疑人早日落网。这是维基从塔斯汀发回的现场报道。	

图 3—6

这一时段的新闻跟前两个时段有了明显不同：地面报道组赶到了现场，进行连线直播报道。从报道流程来看，编辑部在派出直升机报道员之后，紧接着就会组织地面报道组赶赴事发地点进行采访报道。只有当地面记者和摄像师到达事发地点，拍摄到新闻事件的核心画面，采访到事件中的核心人物，新闻报道才最终完成。因此，地面报道是直播报道中最核心的环节。

不过，在直播新闻的报道中，记者与摄像师并不是同时赶赴现场。在拍摄报道上面这条新闻时，摄像师先赶到现场进行拍摄采访。NBC 洛杉矶直属台有 20 多辆直播车，每天安排 20 辆左右在城内值班——他们自称为“扫街”。这是提高报道效率，使地面小组能够快速到达现场的办法。在录播新闻的时代，记者和摄像师在接到新闻线索之后再赶往现场，结果往往贻误了最好的报道时机。电视新闻机构必须想尽一切办法缩短摄像师赶到现场的时间。

与摄像师不同，记者接到报道任务之后才会从家中或电视台出发去现场，相对于摄像师而言，他们一般会晚到现场。记者在出发之前一般会了解到事件的初步情况，在赶往现场的过程中，还可以打电话了解各方面的信息，搜集相关线索，尽可能地掌握事态进展。到了现场之后，记者在与已经到达现场的摄像师沟通情况后，要在极短的时间内确定报道内容，在出镜之前完成报道词的写作，与编辑部沟通情况，做好各方面的准备，等候直播时间的到来。

NBC 洛杉矶直属台在晚间 6 点播出这条新闻时，演播室的一个很大变化是男主播更换了，这是根据收视率作出的安排，因为这个时段的观众发生了变化。在6点档新闻播出的时候，上班族大多已经回家了，收视统计显示他们更喜欢这个看上去更壮一点、更年轻一点的主播凯瑞（如图3—7）。相反，此前一个时段的观众中老人和孩子占的比例更大一些，他们更喜欢那位慈祥一点的主播摩耶（如图3—8）。

图3—7

图3—8

6点时段已经进入新闻播出的黄金时段，各台之间的收视竞争更为激烈，因此，更需要用地面记者的连线出镜报道来吸引观众的注意力，提升收视率。这时在记者的出镜报道中，事件发生的具体时间、被枪击车辆的镜头、核心人物的采访等都得到了确认，这些都是观众需要了解的核心信息。记者在第一个段落报道完这些最重要的信息之后，接下来又对这起事件对交通产生的影响进行了报道。

在记者的这段出镜报道中，随着镜头的切换，记者在报道的开头、中间和结尾处分别出现在镜头上，而每次出现的时候，都有一个“抬头”的动作。如果了解直播报道的技术系统和操作流程，就会知道这个动作是一个非常“专业”的动作，凭这个动作就能知道这次直播采用的技术系统给记者的出镜提供了很好的支持。具体原因是什么？这里且卖一个关子，到后面再作分解。

在这起突发事件的新闻直播中，主播和记者关注的另一个重点是这起事件与其他事件的关联，这种关联决定了事件的严重程度。由于这起枪击案只是在地点上与之前的案件构成巧合，作为一个独立的事件，它的严重程度就大大下降了。如果跟其他的事件有关联，那么就是一起连环枪击案，事件的性质就要严重得多。因此，主播和记者在直播过程中都反复强调和确认这一点，显然，在新闻报道中提供这种相关性的信息可以给事件本身定位和定性。

二、全能摄像师

在上面这起突发事件的直播报道中，无论是直升机报道员还是地面摄制组的摄影师，都是复合型的电视工作者。直升机报道员既要驾驶直升机，又要传送信号，并进行采访报道。如果说直升机报道员相对特殊，那么地面上的摄影师则更有代表性。他们就像一个全能运动员一样，要完成多个环节、多个工种的工作，而且这一切都要在非常短的时间之内完成。这是直播时代摄影师工作发生的重要变化。

我们通过一些图片来了解摄影师在直播新闻报道过程中的工作内容、流程与环节。

图 3—9

图 3－9 是转播车的驾驶室。摄影师在接到技术主管的指令后会立即赶往事发地点。在行车的过程中，摄影师必须利用所有的通讯工具获取事态发展的最新信息。在驾驶室旁有一

个功能强大的通讯平台，主要功能有对讲、打电话和监听。用对讲装置可以与电视台及相邻的转播车通话，电话则可以与自己掌握的新闻来源和政府部门联系，监听设备可以听到警察、法院、救护、消防等公共信息，从而获知事件的进展和可能的原委。

图 3—10

图 3—11

图 3—12

驾驶和操作直播车是摄影师在直播报道中的首要工作。图 3—10 中最显眼的就是微波车，液压杆升起来以后接近 30 米，升起来的时间约 2.5 分钟。美国 NBC 的操作手册要求摄影师到达现场以后，必须在 2.5 分钟的时间里升起微波头，接通与总台的信号。

图 3—11 是新闻现场严阵以待的卫星转播车。卫星车在操作的过程中不需要升起微波头，但需要寻找对应的卫星和频道，这个过程被称作“寻星”。一般的卫星车都具备自动寻星功能。

图 3—12 是英国 BBC 的卫星转播车。

图 3—13 是江苏卫视《南京零距离》所使用的卫星车，三讯道，可以支持现场三路摄像机同时拍摄。

图 3—14 是中国教育电视台新闻中心的单讯道小型卫星车，方便灵活，

图 3—13

图 3—14

图 3—15

摄像机与车载转发器之间可以无线连通。

图 3—15 是美国 NBC 洛杉矶直属台的微波车，上面的新闻即由这样的微波车进行直播报道。该台有 20 多辆同样的微波车，每天派出 20 辆车在全城“扫街”，设备的使用频率非常高。由于微波车比卫星车要便宜很多，而且微波信号的传送费用也比卫星传送要便宜，因此微波车仍然大有用武之地。国内电视台近年来掀起了购买直播车的热潮，而且购买的大多是非常高端甚至往往是顶级的卫星车，如 8 讯道的地面卫星上行站，动辄需要花费几千万元，买 10 台微波车也绰绰有余了。由于这些设备非常昂贵，不是特别重大的报道一般“不舍得”使用，设备成本高而使用率低，长时间放在库房，造成极大的浪费。而现在的数字设备更新换代非常快，这些高端设备往往没有得到充分使用就过时报废了。同样的投入购买 10 台微波车，交给新闻栏目频繁使用，给新闻带来的变化要大得多，产生的效益要大得多。因此，直播车的选择和购买一定要根据工作的实际需要，并不是越高端的就越好。

图 3—16

图 3－16 是发送微波信号的微波头和反射网。到达现场以后，摄影师的第一项工作就是要在最短的时间之内接通微波信号。它是进行直播报道的生命线。

微波信号方向感很强，摄影师到达现场以后，需要在非常短的时间之内找到合适的线路，才能把微波信号发送到转播塔台，再由塔台传送回位于电视台的总站。为了转播各个电视台的微波信号，洛杉矶在城市周围的山顶搭建了 15 个转播塔。摄影师到达事发地点以前就会与塔台控制中心联系，确定哪些塔台目前没有被占用，一般而言会有两到三个可以选择的塔台。到达现场以后就可以在这几个塔台中选择角度最好、距离最近的进行连接。

能否快速接通微波信号有赖于摄影师的工作经验和现场处理能力。

图 3—17

有时在城市中转播，周围的建筑会挡住微波信号发射的角度，这时就必须根据现场的情况进行调整。有的摄影师曾利用玻璃幕墙将微波信号反射到塔台上去，在实在无法与塔台进行连接的情况下，微波车还可以将信号发射到直升机上，由直升机发送到塔台，再传回总站。（如图 3－17 所示）卫星车一般不存在这个问题。

接通转播信号以后，摄影师就要开始紧张的现场拍摄工作。他们要

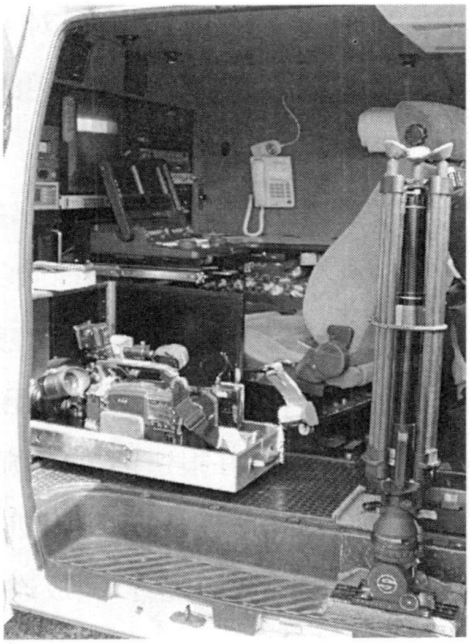

图 3—18

非常熟练地使用车内的这些设备。图3—18是转播车侧门打开以后能够看到的内部装置。由近及远分别为三脚架、摄像机和剪辑台。三脚架位于车门边，是为了方便取用，而且有专门的固定装置，可以避免行车过程中的颠簸对其造成损坏。摄像机位于一个抽屉柜中，不用时可以上锁。位于画面远端的剪辑台不用时也可以合上。

拍摄事件的核心画面是摄影师在现场最重要的工作。NBC洛杉矶直属台的摄影师们会在摄像机外黏一个磁带盒，目的是提高换磁带的速度。（如图3—19所示）这尽管是一个很小的细节，但在突发事件的现场拍摄中，有时哪怕只是换磁带的一两分钟，也可能漏拍最关键的镜头，这是摄影师们最不愿意遇到的情况。因此，有经验的摄影师一定会提前做好各种准备工作，不会让一些细小的问题和失误影响新闻报道的水平。

在完成现场关键镜头的拍摄之后，摄影师需要将这些素材剪辑成一个新闻短片。转播车内的剪辑台可以让摄影师完成这项工作。图3—20

图 3—19

图 3—20

中的这个便携式的剪辑台是对编机，相对于非线性编辑机，对编机不需要采集素材和生成成片，可以直接对素材进行编辑，在现场制作的过程中，工作效率较非线设备要高。

按照直播新闻报道的要求，摄影师一般会把素材剪辑成一个 1 分 30 秒的短片（西方称 news package，港台称“罐头”）。如果记者赶到现场以后时间还比较充裕，那么就会在进行连线报道之前写好报道词，并给这段短片配好音，由摄影师将这个配好音的短片传回电视台。如果时间来不及，记者会准备好报道词，摄影师则将短片放在剪辑机中，将剪辑机设为遥控，画面即可以由控制机房进行切换。记者在出镜报道的时候再将报道词与这段画面相配合，完成连线报道。

图 3－21

与记者一起完成连线报道是摄影师在现场最重头的工作，之前的一切准备和努力都是为了这一刻的到来。除了拍摄记者的出镜画面以外，摄影师在现场还需要为记者的出镜做好各种技术方面的准备。由图 3－21 可以看到，记者面前有一个便携式的显示器，由转播车提供信号，可以看到电视台正在直播的新闻。因此，在镜头切换到记者的时候，记者的视线从监视器转移到镜头上来，因此有这个“抬头”说话的动作。

正如前文所说，记者的这个“抬头”动作是一个很“专业”的动作，它显示了技术系统对记者出镜的良好支持。由于记者是可以看到直播画面的，从而保证了镜头前的记者与播控机房之间的精准衔接，主播与记者之间不必来回询问"能听到吗"这样的问题。记者在现场没有时间提前给短片配音的情况下，在短片播放的时候配音也是可以看到画面的，就能够保证报道词与画面的准确对位。另外，一般记者的镜头出现5—10秒左右即会切换为其他的画面，记者不出现在镜头上，即使要在连线直播的过程中配说报道词，状态也会比较松弛，不会一直保持面对镜头的高度紧张状态。因此，现场的监视器对于记者的出镜报道非常重要。

图3—22

图3—22是记者和摄影师在现场与演播室和播控机房进行连通的工具。除了监视器以外，提供给记者的有耳机和带台标的话筒。记者从耳机中听到的主要指令来自于责任编辑或主编，即直播的内容控制者。在记者出镜直播报道前，主编或责编会数秒提醒，一般提前半分钟，从30倒数到1，记者即可抬头说话。这样的流程设计给记者与主播的衔接加上了"双保险"，从环节设计上保证了人际交流模式和"对话"语态的顺畅实现。摄影师从耳机中听到的指令大多来自技术主管，主要是关于拍摄、传送等技术方面的问题。

保证现场与后方的即时、有效连通是做好直播报道的基础。如果前后方沟通不畅，将会给直播带来不可估量的负面影响。技术部门需要为直播报道者提供最优的解决方案，以保证直播的各个流程和环节顺利衔接。

三、记者工作的变化

在上面我们了解了直播新闻中摄影师的工作内容和基本流程。现在的摄影师已不再像以前那样，只需要完成画面拍摄和声音录制的工作，而是一个全能的现场技术人员。摄影师的变化显示出当前电视新闻从业者的一种重要的发展趋势：复合化，或者说全能化。

这种变化不仅限于摄影师这个工种。随着电视制作设备的数字化和小型化，其便携性、移动性越来越强，现场制作设备的功能越来越强大，很多以前需要在演播室和制作机房中完成的工作现在已经可以在现场制作完成。因此，现场制作在电视新闻节目采制中所占的比重越来越大，记者的现场报道在电视新闻直播中的分量也越来越重。

在这方面，英国广播公司(BBC)对黎巴嫩工业部长被暗杀事件的直播报道是一个很好的例子。2006 年 11 月 21 日，黎巴嫩工业部长皮埃尔·杰马耶勒的车队在贝鲁特北郊久达伊德地区遭枪击，杰马耶勒中弹身亡，邻国叙利亚被指与此事件有关。就在此前的 2005 年 2 月 14 日，时任黎巴嫩总理的拉菲克·哈里里在贝鲁特发生的汽车爆炸事件中遇难，黎巴嫩局势此后一直处于动荡之中，杰马耶勒被暗杀使得局势动荡加剧升级。

11 月 23 日，参加葬礼的哀悼者们在贝鲁特市中心举行大规模游行示威，抗议叙利亚参与暗杀黎巴嫩工业部长。BBC 记者本·布朗在贝鲁特对这起事件进行了现场报道。在现场完成的综合报道中，本·布朗不仅有出镜报道，还完成了连线采访和现场采访等多项工作，这次直播报道反映出电视新闻报道在当前的变化。整个报道共分为五个段落，我们来看看记者在现场都完成了哪些方面的工作，具体的流程和环节又有哪些。

图 3—23　本·布朗出镜进行现场报道

第一个段落，由记者本·布朗在黎巴嫩首都贝鲁特圣乔治教堂附近进行现场报道。本·布朗在报道中介绍了刚刚在这里发生的事件的概况，并对事件的背景进行了简单的介绍(如图 3—23)。

表 3—4

画　面	声　音	备　注
中景：本·布朗在画面正中间做现场报道	【本·布朗】你好，这里是贝鲁特，这条街道现在平静下来了。刚才有几十万人涌到贝鲁特街头。仅仅是几天之前，年仅 45 岁的工业部长皮埃尔·杰马耶勒在贝鲁特郊外被暗杀。葬礼就在我身后的圣乔治大教堂举行，在这个教堂外面，街道末端是烈士广场。据估计，有 80 万示威者，80 万支持皮埃尔·杰马耶勒的人谴责叙利亚，谴责他们的总统，因为这些示威者认为叙利亚是这次政治暗杀的幕后操纵者。皮埃尔·杰马耶勒的父亲强烈谴责暗杀，称这一暴行将会导致内战重新爆发。我的同事在现场目睹了葬礼举行。	

接下来，他引出在葬礼现场记者的报道。这位记者用“短片+出镜”的方式，对葬礼和整个游行示威的过程以及事件所产生的影响进行了报道(如图 3—24)。在传统意义上，这已经是一次完整的报道了，不过在这次对皮埃尔葬礼的整个报道中，它只是本·布朗所做现场报道内容的一部分。

图 3—24　本·布朗引出另一位记者的报道

表 3—5

画　面	声　音	备 注
贝鲁特民众游行的空镜头	【画外音】有时候，宗教、政治、死亡看起来是黎巴嫩人生活的很大一部分。再一次，烈士广场名字的命名充满了悲伤。人们来纪念这个年轻的政治人物，他是反叙利亚的倡导者并影响了这个国家，这个星期早些时候他被暗杀，如果暗杀他的人想得到回应，那么今天他们得到了答案。	
近景：采访女士	【女】我们要彼此联合起来，我们需要和平。	
近景：采访男士	【男】我们是黎巴嫩人，我们喜欢黎巴嫩，不喜欢叙利亚，只喜欢黎巴嫩，只有黎巴嫩。	
贝鲁特民众游行的空镜头和教堂里的葬礼	【画外音】他的遗体被送到圣乔治大教堂。他是个马龙派基督教徒，他的去世给已经存在分歧的这个小国家带来了更多的压力。	
中景：记者做现场报道	【记者】今天涌向贝鲁特大街的人群的数量显示了这个国家的力量和情感，但是对他们来说，问题是接下来会发生什么？领导者号召人们不要对此事有回应，但是实实在在的愤怒已经产生。	
贝鲁特民众游行的空镜头和当地的军队部署	【画外音】至今为止，人们的反应还是特别激动，但是在控制之中，军队在首都街上待命，政治危机会向更坏的方向发展吗？	

图 3—25　本·布朗连线大马士革记者

在通过自己的出镜和另一位记者的现场报道完成对于当天事件情况的报道之后，本·布朗接着在贝鲁特直接与叙利亚首都大马士革的记者克里斯·莫里斯现场连线(如图 3—25)，了解与此事直接相关的叙利亚一方的反应。在连线过程中，本·布朗还与莫里斯就这一事件的国际影响进行了深入分析和交流。

表3—6

画　面	声　音	备　注
近景：本·布朗在画面正中间做现场报道	【本·布朗】皮埃尔·杰马耶勒的遗体已经被送到在贝鲁特以东几公里的他的家乡，并在那里下葬。声势浩大的集会刚刚在大教堂举行，那里有演讲和谴责，总统说有些黎巴嫩人烧毁了他的照片，这是他离开的时间了。这个事情结束后事态怎么发展呢，我们将采访在叙利亚首都大马士革的记者，克里斯·莫里斯，面对这个也是反叙利亚的街头游行，你认为叙利亚官方的反应是什么？	
近景：记者克里斯·莫里斯在画面正中间做分析评论	【莫里斯】大意：这一事件给叙利亚政府带来了很多压力，今天下午叙利亚政府对此有更多的回应，否认与此次暗杀有关。黎巴嫩的政治家将矛头指向叙利亚，并声称得到了证据。	
本·布朗和记者克里斯·莫里斯分屏 左边字幕：贝鲁特 右边字幕：大马士革	【本·布朗】克里斯，有消息称美国和英国都在一定程度上谴责叙利亚和伊朗，在这里发生的一切对世界格局来讲有什么影响？	
近景：记者在画面正中间	【莫里斯】大意：为什么叙利亚在这个时候作出这种反应？他们感到了国际大多数认同一个观点，那就是依据伊朗的实力、黎巴嫩的实力来看，叙利亚一定与此事相关。	
本·布朗和记者克里斯·莫里斯分屏 左边字幕：贝鲁特 右边字幕：大马士革	【本·布朗】克里斯·莫里斯，非常感谢你对叙利亚方面的报道。	

图 3－26　本・布朗在镜头前采访政治分析人士

在连线完成对这一事件的相关反应的分析之后，本・布朗又在现场采访了一位政治分析人士（如图 3－26），由她来分析这一事件的政治意义和历史意义。

表 3－7

画　　面	声　　音	备　注
本・布朗在画面正中做现场报道	【本・布朗】好的，我们今天看到的这个反叙利亚的大游行，看起来是去年游行的翻版，在黎巴嫩的工业部长被暗杀后，有上百万人参加游行，军队从黎巴嫩撤出。今天，黎巴嫩谴责叙利亚，并声称：来到这里反叙利亚的，你们正支持一个新的改革，你们是黎巴嫩的大多数。让我们来对黎巴嫩的未来作进一步分析，阿玛尔是一位黎巴嫩政治分析员，来到我们中间。又一次反叙利亚的大游行，这么多人上街反对叙利亚，在黎巴嫩历史上的意义是什么？	
镜头摇向政治分析家阿玛尔落幅为近景	【阿玛尔】当然，它有它的政治意义在这里，同时我认为，这也把我们带入了反美游行，同样有重大的意义。现在的问题是，我们去向哪里？反叙利亚的计划对阵的还有一个反美的计划。 【本・布朗】那么对于反美计划，你认为还会有游行来反对这次反叙利亚的游行吗？ 【阿玛尔】我不能说这个游行是对反叙利亚游行的回击，因为这个反美游行计划是在今天，无论之前的反叙利亚游行有没有发生，但据我所知，在现在的政治背景下，有很多的声音是反对当地对手的，这样就造成了更多敌人。	

在现场完成对事件的报道和深入分析之后，本·布朗又结合葬礼的进展，对整个报道进行了总结（如图 3—27）。

图 3—27　本·布朗作总结报道

表 3—8

画　面	声　　音	备　注
镜头摇回本·布朗，停在近景。穿插贝鲁特市民游行的镜头	【本·布朗】非常感谢你！皮埃尔·杰马耶勒的棺木已经回到了他的家乡，然后就会下葬。这个日子可以说是一个政治悲剧，同样，对他的家庭来说也是一个悲剧，对于 45 岁的皮埃尔·杰马耶勒同样也是一个悲剧。这就是发自贝鲁特的报道，现在请把信号切回演播室。	

在上面这则直播报道中，BBC 记者本·布朗在现场完成了以前需要在演播室完成的所有内容，出镜、连线、采访、分析，都在现场完成。这样的报道方式已经成为当今世界主流电视新闻机构经常采用的方式之一。

在 2008 年北京奥运会之后，中国的体育新闻报道开始借鉴国际上一些较为新颖的报道方式，记者的现场报道在新闻节目中的作用得到强化。在中央电视台体育频道的一些直播报道中，经常采用现场“总记者”的方式，先由一个资深记者在现场对整个比赛作一个综述，然后引出每个赛场的记者来完成具体的报道。这样的报道方式不仅使观众对整个赛事有整体性的了解，同时又能提供更多的现场信息，传递更为强烈的现场感。当然，从实际报道过程来看，记者在现场的报道能力和水平还有待提高。

由于现场制作能力的提升，电视新闻报道的方式发生了巨大的变化。除了记者的现场报道在新闻节目中所占的分量越来越重以外，为了突出现场感，有些节目甚至将总演播室搬到现场去，主持人直接在现场主持节目。主持人不仅对现场进行介绍和报道，还在现场完成多个层次的采访和连线分析。

CNN 的《安德森·库珀 360°》(*Anderson Cooper* 360°)[①]经常采用这样的方式来制作，一个典型的例子是 2006 年 4 月 28 日的节目。当天直播节目的头条是关于墨西哥移民非法入境的新闻，主持人安德森·库珀将演播室搬到了位于加州圣地亚哥的美国和墨西哥边境线上。节目一开始，主持人安德森·库珀出镜介绍了他所在的地理位置和边境线的历史情况，然后与一位记者连线，由他介绍移民游行的最新进展，接下来又在现场连线一位专家，谈她对于墨西哥移民的看法并分析移民对于美国的影响等等。在这样的主持方式中，安德森·库珀实际上肩负了主持人和现场记者的双重职责。

可以看出，随着技术的进步和观念的更新，在电视新闻报道中，很多传统概念的边界正在消失，或者说彼此正在融合。而无论是记者现场报道的加强还是主持人现场操作的增多，都反映了一个共同的趋势：现场在当今电视新闻业的作用已经变得越来越重要。

---

① CNN 的一档时事新闻栏目，主要对司法、政治、健康和流行文化进行报道，播出时间为美国东部时间周一至周五晚 10：00—11：00。

第四章

叙述与呈现

一、直播并非现场

二、讲“故事”的人

三、“故事”内容与新闻要素

四、叙述时间与时态

在了解了直播的流程与环节之后，我们知道电视新闻直播的过程一般是这样的：首先是主播出场，引出今天要报道的事件；然后与记者连线，由记者在现场做出镜报道，引出一个已经制作好的新闻短片；短片中往往有对当事人或目击者等重要人物的采访；之后记者又会再次出现在镜头上，完成对事件的报道，或者与主播再次连线；最后由主播做串场，过渡到下一条新闻。

这是一条直播新闻的基本环节，同时也是传播者（体现为主播、记者）按照一定的顺序将内容“告诉”给观众的过程。用叙事学①的观点来看，这种“告诉”的过程与形式就是“叙述方式”。在普洛普②以来的叙述理论中，所谓叙述方式，简单的理解就是“谁在什么时候讲述了一个什么样的故事”，其中，“谁”这一因素在叙事学中被称为叙述人，“故事”即叙述内容，“什么时候”即叙述时间。

本章将借助叙事学的概念和理论，对电视新闻直播的叙述与呈现方式进行探讨，通过对电视新闻直播的叙述人、叙述内容、叙事时间等元素的分析，进一步了解电视新闻直播的特征与规律。

---

① 叙事学是对叙事文的一种共时、系统的形式研究，它主要探讨的是叙事文的叙述方式、结构模式和阅读类型，目的主要在于为科学地认识叙事文提供理论框架。

② 俄国民俗学家弗拉基米尔·普洛普对叙事学有着特殊的贡献，他于1928年出版的《民间故事形态学》一书对叙事学的建立起到了奠基作用。

一、直播并非现场

与电视新闻的其他报道方式相比，直播好像能够带给观众更为强烈的“真实感”：现场的一切仿佛都在眼前发生，与事发地点相隔万里却犹如身临其境。确实，迄今为止没有哪种媒介提供的报道能够比电视直播带给观众更强的真实感了。这种无与伦比的“真实感”由电视媒介的基本特性决定和产生，简单地来看，主要来自于两个方面：一是“同步”，二是“直观”。

“同步”是电视新闻直播产生强烈真实感的直接诱因。由于观众看到的画面、听到的声音是与事件同步进行的，观众与站在现场的记者在同一时间共享这些内容，观众会觉得这些内容是来自现场的原始信息，它们没有经过任何人为的改变，其“真实性”不容置疑。当观众在家中第一时间看到海湾战争中巴格达被导弹炸成一片火海，目睹“9·11”事件中飞机撞进世贸大厦，或者神舟六号飞船随火箭腾空而起的时候，这种跨越了遥远的空间将事件现场直接呈现在眼前的过程会让观众产生强烈的真实感。

“直观”则是电视信号和视听符号产生的威力。“眼见为实”，来自现场的画面与声音让观众犹如置身事件当中，再也没有比亲眼看到、亲耳听到更为真实的感觉了。在一些突发事件带给观众异常强烈的信息刺激的时候，我们甚至会用“几乎不相信自己的眼睛”来形容这种感受。这正是电视直播产生的“视觉奇观”效果——一切都正在眼前展开，让人觉得好像直播就是事件本身，就是现场本身。

从电视新闻制作者的传播意图来看，直播的确就是要形成这样的效果，就是要让观众觉得它“完全真实”而且“悬念不断”。但要实现这样的传播意图，达成这样的传播效果，直播新闻节目的制作者却要清楚认识“现场”与“直播”之间的辩证关系：新闻直播的核心内容来自于事发现场，但直播的内容又不再是原始的现场情景；直播要尽可能地传递事件的真实原貌，但它又不可能原原本本地呈现一个原生态的现场。呈现在电视屏幕上的直播是电视制作者经过对现场信息的甄别、判断、选择、淘汰、组合之后呈现在电视屏幕上的一种叙述过程。一句话：直播来自现场，但直播不等于现场本身。

要理解“现场”与“直播”二者的区别并不容易，我们通过一个直播实例来了解这一点。来看一下中央电视台与美国国家广播公司（NBC）在转播2008年北京奥运会开幕式时有哪些不同。在北京奥运会的持权转播商中，最具实力和影响力的是东道主国家的中央电视台和最大持权转播商美国NBC，两家媒体机构在节目结构、画面剪辑上的不同曾一度在网络上引发热议。

在对北京奥运会开幕式进行转播时，全球各大电视台的信号都是BOB[①]提供的，因此从整体上看，中央电视台与美国NBC的转播内容大部分是相同的。尽管央视被特许在鸟巢架设10个机位，但其直播的绝大部分画面仍然来自BOB。由于时差的原因，NBC对北京奥运会开幕式的转播在美国播出的时候已是12小时之后了，但其制作完全是按照直播的要求来完成的。可能是考虑到美国观众对中国传统文化的认知和了解程度低，收视率会受到影响，NBC在转播的时候将开幕式中的书法、京剧、昆曲等极富中国文化韵味的部分都去掉了。除了这些不同之外，两家电视台在网络上引起热议的区别主要在以下几个方面：

首先是开场部分。中央电视台在开场时采用的方式是由广告直接切入开幕式现场，NBC则在开幕式正式开始前播放了一个15分钟左右的短片，对于大多数不太了解中国的美国观众来说，这是一个必要的铺垫。

---

① Beijing Olympic Broadcasting Co. 的缩写，即北京奥运会转播公司。

从象征中国的万里长城到夜幕下的北京，从北京申奥成功的欢庆画面到城市中随处可见的奥运挂幅，从中国运动员赛场上拼搏的身影到郭晶晶、刘翔这些知名运动员的运动宣言，这个短片熔中国历史、人文与奥林匹克精神于一炉，带领观众逐渐进入深具中国文化特色的奥运开幕式的氛围当中。在这个精彩短片之后，NBC用演播室与现场主持人、解说员的连线以及记者在现场的采访来引入开幕式，中央电视台则是直接由解说员配解说词的方式切入现场。这种由引入方式不同产生的结构方式的区别我们在后面还会详细讨论。

第二个比较明显的区别是在运动员入场式的处理上，主要体现为二者在镜头切换方面有着较大的差别。运动员的入场是北京奥运会开幕式中最后的一个大手笔，运动员在入场时鞋底会沾上颜料，用他们的脚步完成的巨幅画作，被称为开幕式中的“最大规模行为艺术”。为了表现这种独具匠心的艺术设计，中央电视台用了很多镜头来呈现这一点，但由于镜头拍摄和切换不到位，屏幕上不断出现的是运动员腿部的镜头，让观众很难一下子明白到底要表现什么内容。相比较而言，NBC则用一系列的镜头组合表现出了运动员是怎么沾上彩色墨迹走上巨大画卷的过程，让观众理解到这种“行为艺术”的用意并受到感染。

另外一个较大的区别是在中国运动员入场时一个细节的呈现上。在中国运动员入场的过程中，旗手姚明身边的抗震救灾小英雄林浩成了观众注意的一个焦点。这个可爱的孩子代表的是坚毅的精神和未来的希望，安排他走在这里有着非常特殊的意义。中央电视台对林浩的呈现比较简单，只用了两句解说词和很少的几个镜头就完成了对他的介绍。而NBC却对这位小英雄给以了格外的关注，所有镜头加起来接近五分钟。在不断给他特写镜头的同时，着重介绍了他的事迹，还将他在接受记者采访时的那些朴实感人的话语翻译成英语，即使是在点燃主火炬时，镜头和解说依然关注了这个可爱的小家伙。应该说，对林浩的呈现形成了美国NBC的转播中非常感人的一个段落。

两家电视台在奥运会开幕式转播过程中的这些不同之处非常清楚地说明了一个问题：即使是对同一个现场进行直播，也可能有不同的呈现方式。事件的现场有着多种信息并且往往非常混乱，直播则需要对现场的信息进行选择并形成一个清晰的叙述过程，它与原始的现场是有区别的。

叙事学的观念有助于我们理解这种区别。在长期以来的“纪实”主义观念中，电视一直被当做“物质现实的复原”，直播尤其因为能够准确丰富地在观众面前还原现场的原貌，以至于很多人都把直播当做现场的复制品，甚至被当做现场本身。不过用叙事学的观点来看，无论对事件的呈现多么接近现场本身（有时甚至超出在现场的观感），直播仍然是多种符号元素的组合与汇聚，是由叙述人按一定序列组织和讲述的“故事”。电视的本体首先是一种符号的存在，是一种叙述方式，它不可能真正实现“物质现实的复原”。

在叙事学的视野里，直播是由主播和记者主导、掌控的叙述过程，是由传播者带给受众的“故事”，是按照逻辑序列进行的“编码”。现场并非直播，直播也不是现场本身。即便是与事件的发生发展同步展开的直播，也仍然需要组成一种有条不紊的叙述。按照新闻操作的基本准则，电视新闻制作者不能去操纵和控制现场，但可以控制直播的流程与环节；不能去左右事件的进程，但可以改进叙述与呈现的方式。

二、讲“故事”的人

我们在前面曾提到，在美国NBC洛杉矶直属台，每天下午5点到7点为新闻节目时间，节目到了6点的时候，将会更换男主播，而女主播不会更换。其中原因既不是男主播下班了，更不是女性的工作耐力比男性好，而是“意料之外、情理之中”的一个简单理由：据收视率显示，男主播摩耶受到5点到6点之间观众的喜欢，而6点以后的观众则更愿意看到另一个男主播乔·凯瑞。这一有趣的例子表明，在电视上，同样的事件由不同的人来叙述会产生不同的收视效果。

同样，在中国上个世纪90年代后期，以凤凰卫视主持人陈鲁豫为代表的一些主持人，在电视这个大众传播平台上，用类似于人们日常生活中人际交流的方式来播报新闻，从而使得电视新闻传播更具亲和力。“说新闻”逐渐取代了传统的“播新闻”，成为各大电视台新闻报道的主流方式，说明对同样的内容采用不同的播报方式也会产生不同的传播效果。看来在电视新闻中，谁来叙述以及怎么叙述都会对电视的传播效果产生至关重要的影响。

按叙事学的理论，在电视新闻中把事件讲给观众的人就是叙述人，也就是“陈述行为主体”[①]，或者说是“叙事文内的故事讲述者”[②]。这里需要强调的是，叙述人与叙事文本的真实作者有着本质的区别。如罗兰·巴特所说：“叙述者和人物主要是‘纸上的生命’。一部叙事作品的（实际的）作者绝对不可能与这部叙事作品的叙述者混为一谈。……（叙事作品中）说话的人不是（生活中）写作的人，而写作的人又不是存在的人。”[③]显然，对叙事文本而言，叙述人是作为内部的构成元素而存在的。

如果把电视新闻直播当做一个叙事文本来看待，那么担任叙述人的就是主播和记者。他们在电视新闻的呈现过程中承担了向观众讲述新闻事件的任务。媒介生态学者尼尔·波兹曼曾说：“电视为真实性提供了一

① 〔俄〕托多洛夫：《文学作品分析》，载《叙述学研究》，中国社会科学出版社1989年版，第71页。

② 胡亚敏：《叙事学》，华中师范大学出版社1994年版，第37页。

③ 〔法〕罗兰·巴特：《叙事作品结构分析导论》，见《叙述学研究》，中国社会科学出版社1989年版，第29—30页。

种新的定义:讲述者的可信度决定了事件的真实性。这里的'可信度'指的并不是讲述者曾经发表过的议论是否经得起事实的检验,它只是指演员/报道者表现出来的真诚、真实或吸引力(需要具备其中一个或一个以上的特点)。"[①]这表明叙述人对于电视新闻而言具有不可替代的重要性。

1. 叙述人的地位与层次

与其他媒体和报道方式相比,电视新闻在呈现方式上最明显的特点就在于,所有的传播内容都是由出现在镜头上的主播和记者传递出来的。报道者是传播过程的主导者,在视觉和听觉上占据主体位置,这也成为电视新闻叙述的重要特征。

"电视动辄喜欢'直接讲话'……直接讲话涉及这样一种情景的出现:某人在电视上——这个人可能是位新闻节目主持人、访谈节目主持人、系列节目主持人、新闻广播员等——面对摄像机镜头,看上去像是直接跟在家里看电视的观众说话似的。……这种直接的人际交流给人的印象如此强烈,以至于丹·拉瑟道声'晚安'之时,作为观众的我很可能对着屏幕回答:'晚安,丹。'"[②]在这个角度上,电视新闻的主播和记者作为叙述人非常明确地显示了电视媒体在叙事上的基本特征:叙述人出现在屏幕上直接向观众说话。

我们仍然通过中央电视台与美国NBC在奥运会开幕式引入段落的比较来了解这一点。先来看中央电视台的直播是怎么做的。

---

① 〔美〕尼尔·波兹曼:《娱乐至死》,章艳译,广西师范大学出版社2004年版,第132页。

② 〔美〕罗伯特·C.艾伦编:《重组话语频道》,麦永雄、柏敬泽等译,中国社会科学出版社2000年版,第64页。

表 4—1

画　　面	声　　音
鸟巢夜景，大远景	【男】中央电视台 【女】中央电视台 【男】各位观众，这里是中华人民共和国的首都北京。 【女】这里是第 29 届奥林匹克运动会主办城市，中国的北京。 【男】今天晚上，我们将在国家体育场为您现场直播北京第 29 届奥林匹克运动会开幕式的盛况。 【女】今晚，我们将在气势恢弘、气质独特的鸟巢中与您一同见证"同一个世界、同一个梦想"的诞生。
鸟巢内景 镜头环摇	【男】百年期盼，七年筹办，再过一会儿，北京奥运会就将在中国国家体育场隆重开幕，全球 205 个国家的体育健儿将在五环旗下实现奥运史上空前的大团聚。 【女】这是现代奥运会诞生 112 年来首次走进世界上人口最多的国家，象征人类团结、友谊、和平的奥运会在北京开幕，是中国人的百年梦圆，更是绵延五千多年的中华文明与世界的一次激情相拥，将为推动奥林匹克运动发展，推动建设持久和平、共同繁荣的和谐世界作出重要的贡献。
观众远景	【男】当北京天安门广场的奥运倒计时牌上的数字逐步向零迈进的时候，中国人距离梦想成真的时刻就可以以数秒计算。为了这一刻的到来，无数人流过汗、流过泪，付出心血，无怨无悔。 【女】就拿这座独一无二的鸟巢来说，是多少人默默耕耘，是多少双手点滴铸造，是多少颗心倾注热望，才能让我们拥有如此华丽的殿堂，在此刻迎接四海的宾朋。那些辛勤奉献的建设者，那些微笑周到的志愿者，那些纯朴热情的普通人，都是中国的骄傲，都是奥运的英雄。

图 4－1

在这段直播中，观众看到的画面全部是“鸟巢”的空、大远景（如图 4－1），听到的是文学性极强的、书面化的解说词。孙正平和周涛用诗歌散文体的方式来进行解说，具有一定的表现力和感染力，但它不是按照电视所需要的口语方式进行表述的，难以引发观众的参与感。重要的是，观众始终不知道他们的位置是在现场还是在演播室，他们的表情、动作、服饰以及所处的环境都无法看到。作为叙述人，他们没有成为视觉和听觉信息的结构主体，没有成为这场直播的主导性要素。

来看看同样的时间里美国 NBC 的引入方式是怎样的。

表 4－2

画　面	声　音
北京演播室，天安门为背景	【吉姆·兰普利】晚上好，我是吉姆·兰普利，现在在中国北京国际新闻中心为您报道。20 分钟后，我们将带您观看本次奥运会开幕式。这将是历届奥运会所不能比拟的，一共 15000 人参加演出，这将胜过最火热的好莱坞大片。
鸟巢内景 镜头环摇	【吉姆】在正式开幕之前，我们会连线现场记者科斯塔斯和马特·劳尔，以及参加入场式的美国运动员。但是在这之前，汤姆·布罗考将为我们总体介绍一下中国，以及这次奥运会对中国的意义。在 8 月 8 日晚上 8 点，这儿将成为全球瞩目的中心。
	汤姆·布罗考谈奥运会对中国的意义。
观众远景	【吉姆】真希望这个国家的 13 亿人都能亲临现场。下面我们把镜头交给在国家体育场的科斯塔斯和马特·劳尔。

续表

画 面	声 音
鸟巢远景	【画外音,科斯塔斯】马上就是星期五晚上8点了,8月8日晚上8点,这个时刻已经到来。中国和世界的目光将聚集在国家体育场这儿。这就是"鸟巢",这座超现代化的建筑位于主会场的正中心。约91000名观众已经入场,他们将亲眼目睹这场盛会。
现场主持人出镜	【科斯塔斯】大家好,这里是北京奥运会现场,科斯塔斯和马特·劳尔在这儿为您报道。
主持人之间交流	【科斯塔斯】马特,这届奥运会与往届不同,接下来的两周半的时间里将会有很多精彩的赛事,但此时,最让我们期待和激动的,应该是开幕式。
主持人之间交流	【马特】完全同意,你以前主持了多届,而这对我来说是第一次。这段时间我们一直在谈论中国,我们谈到了中国的政治,当然现在我们暂时把它放在一边;我们还谈到了欢庆的规模,中国地大物博,人口众多,足足有13亿人,差不多是美国的四倍呢。我认为我们将看到一场完美的演出,鉴于这个国家的规模,我觉得这将是一场气势磅礴的大型演出。我们没有夸张,这是事实,将有15000名演职人员出场,这真是创纪录啊!
主持人之间交流	【科斯塔斯】11000名运动员,15000名演职人员,3亿美元的预算,整整是雅典奥运会的10倍。这些在四年前都交到张艺谋——这位中国最炙手可热的导演手中。我们将看到一位艺术家在得到近乎无穷的资源后会呈现出一场什么样的作品。这将是一场实时演出的电影。
主持人之间交流	【马特】它的确在先前进行了周密的计划,不过还是有很多因素难以预料。政治就是一个因素,比如当布什总统与中国国家主席胡锦涛在一起的时候,会发生些什么呢?还有法国总统尼古拉·萨科齐,前段时间他扬言要抵制奥运会,现在却又会出席,因此而惹怒了部分中国人。另外还有来自朝鲜、伊朗、伊拉克的代表团,我们还是静观其变吧!

续表

画　　面	声　　音
乔舒亚入画	【科斯塔斯】是啊,有好多精彩的好戏即将上演,为了更加深入,特别是从中国人的视角来看,我们有请NBC中国专家、《时代》杂志前国外版主编乔舒亚·库珀·雷默。
乔舒亚与主持人交流	【乔舒亚】很高兴来这儿,中国人今晚以空前的方式向世界伸出了双手。我的一位中国朋友上周对我说,这对我们来说简直不亚于一次“登月”,风险是前所未有的。
三人交流	【马特】在入场时,很多观众都排队排了数小时,我认为乔舒亚说得很对,体育场里充满了能量。
主持人科斯塔斯	【科斯塔斯】下面我们来看看那些等待入场的运动员,我们来连线在国家体育馆室内的记者安德拉·乔伊斯。
连线记者现场采访	【安德拉·乔伊斯】我现在跟两位沙滩排球明星在一起。你们两位是第三次参加奥运会了,是不是还有那种“小娃娃逛糖果店”的感觉?说说你最喜欢的一部分吧,凯瑞。 【凯瑞】是啊,确实是“小娃娃逛糖果店”,我高兴得不得了。最让我高兴的是总统布什先生将跟他的兄弟、父亲、夫人、女儿一起看着我们从体育馆中走过。 【安德拉·乔伊斯】真是太好了,我想知道,作为2004年雅典冠军,三届世锦赛冠军,你们感觉有压力么? 【米斯蒂】确实很有压力,但我们共同承担,我们想成为最优秀的组合,我们想与美国其他选手共贺胜利。 【安德拉·乔伊斯】我与你们感同身受,祝你们好运!好了,下面交给鲍勃。
鲍勃采访现场	【鲍勃】谢谢,这两位不用介绍了吧,科比和詹姆斯。科比代表湖人队赢了三届NBA总冠军,而现在是以美国国家队队员的身份参加比赛,这两项任务对你来说有什么不同?

续表

画　　面	声　　音
鲍勃采访现场	【科比】这将是一次决然不同的新的挑战，你要面对完全陌生的对手，在NBA你可能跟对手打过很多场，而这儿不同，你面对的是一种全新的比赛。我为我能代表美国参赛而感到无比高兴。 【鲍勃】詹姆斯，这支球队有很多明星选手，你觉得像这样把球星都粘在一起会怎样？ 【詹姆斯】我觉得这次我们要意识到我们是奥运会运动员，我们不是代表洛杉矶，而是代表整个美国，这一点我觉得很重要。 【鲍勃】说得好，祝你们好运，好好享受开幕式吧！好了，科斯塔斯，现在交还给你了。
科斯塔斯	【画外音】好的，谢谢你！北京奥运会即将开始，我们马上回来。

NBC通过一个层次分明的连线报道过程引导观众一步一步进入现场。首先是演播室的主持人出现(如图4—2)，在对报道的过程略作介绍之后，请出“中国通”汤姆·布罗考来谈奥运会对中国的意义(如图4—3)，之后引出现场的主持人科斯塔斯和马特·劳尔(如图4—4)，并请出中国分析员乔舒亚·库珀·雷默(如图4—5)来负责开幕式中国文化因素的解读。之后由两组记者分别采访了两组重量级的“观众”也是运动员，由

图4—2

图4—3

图 4—4

图 4—5

图 4—6

图 4—7

他们来谈在现场的所感所想（如图 4—6、图 4—7）。在这个段落中，主播和记者是整个报道的主体，他们主导了所有的报道内容。

两相比较，中央电视台与美国 NBC 对北京奥运会开幕式的直播中最大的不同之处就在于对叙述人的安排上。中央电视台采用的是幕后解说的方式，叙述人没有出现在观众面前，从传播模式与结构上看，没有借助人际传播的元素和过程，仍然是一种直接向观众“讲话”的方式。美国 NBC 则用多位叙述人形成了层次丰富的人际交流过程，叙述人的主体性、主导性和主动性得到充分发挥，形成了“对话”的传播方式，而这种方式有利于提升电视新闻报道的效果。

从二者的比较中，我们也能体会到叙述人在电视新闻直播中的地位，它是形成流畅的叙述过程和“对话”传播模式的首要因素。对报道者在电视新闻叙述过程中主体性、主导性、主动性的强调不仅不会削弱电视新闻直播的客观性，反而是使现场变得可以理解、使直播变得有序、使新闻变得活跃的主要途径。要提高控制直播流程的能力，引发观众的参与，形成良好的传播效果，电视新闻直播就必须重视并善用叙述人这一要素。

在电视新闻直播的具体叙述过程中，主播和记者所处的空间位置不同，而电视作为空间型媒体又会极力强调这种差异，因而主播和记者在内容叙述中担当的角色和功能也有所不同。主播在直播中的基本任务是引起观众对即将播出内容的兴趣，然后引出现场的记者，由记者来介绍现场发生的种种状况。引出将要讲述的内容是主播叙述的重点，我们把他/她在叙述中担当的这种角色称作“引述人”。记者则有所不同，他/她只负责自己所在现场的报道。由于新闻节目中的每一个事件都是由记者讲述的，我们就把记者在新闻叙述中担任的这种角色称作“主述人”。

仍然以凤凰卫视《连战大陆行》的直播报道为例来了解直播叙述人的层次。在整个直播过程中，连战大陆行这个“故事”是由主播和记者共同讲述的，但他们在这个事件的叙述中所扮演的角色并不相同。主播谢亚芳的角色就是“引述人”。她并不告诉观众一系列具体的信息：连战是何时出发的、在北京饭店大堂里的情况如何、连战进北大的时候具体情况是怎样的，等等。她只是向记者和评论员提问，或是告诉观众接下来将要提供具体情况的是哪一位记者，可能会讲到的主要内容是什么。她的作用主要是把一系列具体的信息顺畅自然地引出来，引起观众的兴趣，引导观众继续收看。

记者扮演的角色则不一样。记者身处现场，置身一线，无论是与连战参访团随行前往北大的陈淑琬，还是在北大校园守株待兔等候连战的吴小莉，她们都是某一方面具体信息的讲述者。作为“主述人”，每一个具体现场的主要信息都是由记者提供给观众的。

由引述人——主播、主述人——记者构成的二元叙述层次是电视新闻在叙述方式上的基本特点。主播与记者之间的层次关系和交流过程形成了电视新闻直播的基本叙述形式，构成了直播新闻叙事的主体轮廓，也清楚地显现了电视新闻直播的“拟人际”交流结构。

当然，“引述人”与“主述人”只是一种大概的区分，在具体的报道过程中，二者之间的界线是可以逾越的。近几年在NBC、CNN、BBC等媒体的新闻报道中，对主播和记者的使用已经出现很多创新的手法。这些创新主要体现在现场记者叙述功能的增强和层次的增加，或者是主持人现场播报的增多。

在上一章我们曾举过两个例子，这两个例子其实也能体现电视新闻报道在叙述人方面的变化。在对黎巴嫩工业部长被暗杀事件的报道中，BBC对记者在现场的报道方式就做了非常灵活的处理，在现场报道中形成多个层次的连线过程。除了主播与记者的连线以外，还有记者在现场与其他记者、与专家的连线，以及记者在现场的采访等各种层次、多种方式的人际交流方式。而在2006年美国“无移民日”当天所做的报道中，CNN的主持人安德森·库珀就把演播室搬到了美国与墨西哥边境，主持、现场报道以及多个层次的连线都在现场完成。更值得一提的是，这个节目与上一个节目《拉里·金直播》(*Larry King Live*)的连接并不使用传统的广告或片花方式进行隔断，而是让演播室内的拉里·金与在现场的安德森·库珀直接连线，从上一个节目直接过渡到下一个节目，节目之间的转换也变成了叙述人直接交流的方式(如图4—8)。

图4—8

由此可见，主播和记者作为叙述人在电视新闻传播过程中的能动作用非常明显，其形式也非常多样和灵活。如何合理地使用这种人际交流元素以提升电视新闻传播所能达成的效果，将是电视新闻从业者需要认真面对的重要课题。

2. 叙述人的功能范围

在电视新闻直播中，叙述人作为人际交流元素，是形成"对话"的传播模式与叙述结构的主要因素，但这种要素同样有它的基本功能区间和发挥作用的范围。叙述人在叙述过程中是一把双刃剑，如果把握不好，对最终达成的效果将会产生负面的影响。对叙述人使用不当主要出现在以下两种情形当中。

首先，作为叙述人的主播和记者如果不能很恰当地使用人际传播的种种符号元素，比如手势和表情，就会对传播效果带来负面影响。尼尔·波兹曼曾说过："很多播音员似乎并不明白他们所说内容的意义，他们播报地震、大屠杀和其他灾难新闻的时候往往保持一种固定不变的、不得体的热情。"①《新闻联播》给很多人留下的呆板印象很大程度上就是由叙述人的播报造成的，主播们更多的时候是在"播"新闻——甚至是"念"新闻，他们的播报方式以及使用的语言很多时候都是"书面化"的而不是"口语化"的，从而将很多人际传播中应有的活跃因素损失掉了。

其次，对主播和记者之间的连线使用不当也会影响电视新闻传播的效果。这主要表现在对"叙述人"的过分依赖和对人际传播元素的滥用。有一些新闻节目尝到连线报道的甜头之后，就用连线的方式来完成所有的报道，画面上除了主播和记者之外，任何其他元素都没有，电视的"可视性"受到很大程度的损伤。在所有的叙事文本中，"讲故事的人"都不能代替故事本身，在电视新闻直播中，作为叙述人的主播和记者也不能替代电

① 〔美〕尼尔·波兹曼：《娱乐至死》，章艳译，广西师范大学出版社 2004 年版，第 135 页。

视新闻中其他的呈现方式。如果镜头只是在叙述人之间切来换去，电视屏幕上全部是"人头接人头"，电视就不成其为电"视"了。

我们通过 2005 年中央电视台《东方时空》对"神舟六号"的直播报道来了解这一点。在下面这个段落中，直播通过主播与记者的连线完成，但记者在屏幕上报道的时间长达五分钟，这就远远超出了记者作为叙述人的能力范围。

表 4—3

画　　面	声　　音
双视窗	【白岩松】其实谈到连线你们这一站的时候，我马上联想到在它一圈又一圈的飞行过程中，有好多圈它首先进入的就是你们的视线，你背后的这个我们老百姓叫做大锅，其实就是我们好多人共同的眼睛，那你就经常一次又一次地看到，费俊龙、聂海胜他们又来了，他们的神情是怎样的？他们的变化大吗？他们是否同你们打招呼？
叠化为单一视窗 镜头由全景推为中景 叠化为双视窗	【记者】今天我们在这里进行了五次的监测，算上昨天的两圈，这七次的监测过程中我们接收到的画面让我感觉真的是怎么说，心里面有一种很感动的这样的印象。然后在我的脑子里形成了这样的几幅、几组画面，我把它归结为天地篇、亲情篇和娱乐篇。（演播室白岩松、卢秀芳笑）说起天地篇，天地篇是指今天早晨我第一次在喀什站接收到来自飞船上的信号的时候，在第一圈和第二圈的时候我连续两次看到了一个什么样的景象你知道吗？是从舷窗里看到了外面天色的变化，我第一次看到舷窗外面从黑夜瞬间变成了白天，而且是在两次，连续两次的监控过程中都看到了，这可能是我看到的时间最短的一次日出，突然天就亮了，那种感觉真的很神奇，你不得不佩服天地的这种神奇。

续表

画　　面	声　　音
双视窗 记者镜头拉开为全景 叠化为单一视窗 镜头由全景推为中景	那么再说亲情篇。今天第一次接收到来自飞船上的信号的时候，我们看到的是费俊龙在返回舱里面的一个景象，当时画面一来我就看到费俊龙在不停地冲屏幕招手，而且神情非常激动，连续不停地招了好几次手，而且在不停地呼叫北京的飞控中心。当时我就有一种感觉，就感觉好像是一个在外面走了一圈的孩子，终于回家了，到家门口的时候就赶紧想跑进去跟家里人说说话，告诉家里人我回来了，然后报告一下我走了这一圈发生了什么事情。同时我又想到还有一个景象就是，在第一天飞船刚刚发射成功之后，我们就接收到来自飞船上的这样一个信号，当时看到两个航天员在返回舱里面轮流地休息了，当时看到聂海胜已经在开始闭目养神了，当时那个样子特别的可爱，穿着雪白的航天服，然后闭着眼睛，特别像一个在熟睡中，在摇篮中熟睡的婴儿。外面从舷窗里照进来的阳光照在他的脸上，是一幅特别温馨的景象。

图 4—9

从叙述方式来看，这段连线报道是在“引述人”（主播）与“主述人”（记者）的人际交流中完成的。但在整个叙述过程中，画面部分全是主播与记者之间的切换（如图 4—9），缺乏与记者所报道内容相对应的画面，这不仅使得画面上的信息量大为缩减，而且也要求记者在非常长的时间里一直处于出镜的高度紧张状态。面对一个变动不居的现场，电视记者如果总是处于一个“跟随”跑的状态，就很难自如地把握现场并良好地控制自己在镜头前的状态。正所谓“过之如不及”，对连线这种方式的超负荷使用反而会带来新闻内容的枯燥乏味。由于在整体结构上没有综合运用电视传播的多种元素来对之进行配合，作为人际传播元素的叙述人也就很难实现对电视传播过程的优化。

在对神舟六号进行直播时，《东方时空》栏目与台湾东森电视台合作，邀请其首席主播卢秀芳与白岩松共同主持（如图 4－10），并在节目中与在台湾的记者连线（如图 4－11），两岸主播与记者有机会得以同场竞技。从直播节目的整体制作来看，中央电视台自然占尽天时地利人和，从演播室到现场报道都尽显主场优势。不过从叙述人的角度来看，台湾东森电视台的记者在与主播的连线过程中对多种元素的使用要显得更为成熟一些，在记者叙述的同时会切入或是转换为与所讲述内容相关的、具备一定信息量的画面，使得连线报道的视觉信息较为丰富和活跃。

图 4—10

图 4—11

表 4—4

画　　面	声　　音
演播室主播中景	【卢秀芳】杨钊你好，我看到你所在的位置还是天文教育馆，我看到了你今天的报道，但观众朋友们觉得还意犹未尽。我刚刚也说了，台湾的观众从昨天的惊叹号，哇！到今天的问号，很多具体的细节和问题都出来了，今天更深一层的关注在哪里，杨钊？
记者中景	【杨钊】好的，秀芳、岩松，各位观众大家好，我现在还是在天文科学馆的外头，那么“神六”的发射到今天已经是一天了，不过台湾观众热度还是很高，不过比较趋于理性一点，怎么说呢？台湾民众现在比较关心的问题就是这次“神六”上去的这两位太空人，他们在太空到底吃的东西怎么吃，还有怎么睡觉，还有以及就是他们怎么上厕所，所以看得出来，太空人的生活其实非常引起台湾老百姓的关注。另外还有一个亮点就是，台湾的老百姓今天看到很多的报道，报道费俊龙，太空人的家属，他的女儿唱生日快乐歌给他，这一点在台湾也引起很多民众的关心，他们觉得这个非常温馨啊，也希望两位太空人在太空能够多多保重自己。这是目前今天的一个状况。
双视窗	【卢秀芳】我们也看到在台湾的媒体引发了各式各样的报道，恨不得把所有的细节都告诉给观众朋友们，像是以我们东森电视台为例，我特别打电话回去问一下，发现我们发稿量是各台第一，发了 30 多条的新闻，观众朋友们的反应怎样？
记者中景	【杨钊】好的，其实今天我们可以看得出来，各台现在都追着我们跑，为什么呢，因为我们独家的首席主播，就是你，卢秀芳，已经是在北京，而且是在棚内，这是各台根本就没办法做到的事情。而且我们东森电视台的这次报道非常完整，像我到的这个天文馆里面，天文馆里面的工作人员说他们昨天整天都在收看我们东森电视，就是看什么，看“神六”的发射，那么“神六”的发射对他们很多人来讲是一件很新鲜的事情，而且他们也觉得两岸一起发展太空科技对于未来两岸关系是一个很好的开端，那么我们可以看到

续表

画面	声音
镜头推到手上拿着的小册子 镜头拉开至记者中景	在他们科技馆里面，出的一本小册子里面，甚至于在里面其中有一页，四大太空人里面，就把杨利伟，“神五”的杨利伟列入在里面，所以我们可以看得出来，在台湾，非常关心在大陆的太空事业的发展，可以说这次“神六”的发射，整个台湾的民众都是非常的沸腾和关心。

在这次直播连线中，尽管镜头也主要是主播与记者之间的切换，但记者在报道之前，已经准备了一个可以丰富画面内容的细节。在记者出镜的过程中，镜头与记者的报道内容相配合，推到记者手中画册上的杨利伟头像，不仅使得画面上多了一些变化，也使得画面和声音能够对位，增加了信息量。与之前看到的央视报道相比较，这样的呈现方式更能发挥电视传播的优势。

其实，用传统画面剪辑的基本要求也能够解释为什么直播报道的镜头不能只在主播与记者之间来回切换。一方面，电视新闻以信息传递为基本的诉求，因此，只有提高剪辑率，提供更多来自现场的画面，才能传递更多的信息。另一方面，电视记者在出镜时最常用的是中景固定镜头。按照画面剪辑的要求，中景固定镜头一般长度为4—6秒，这也就意味着，记者在画面上出现5秒左右就可以切换为现场镜头了。在实际的直播新闻报道中，这样的处理方式已经成为国际上较为通行的做法，为了加大信息量，提高剪辑率，记者一般出现5—10秒以后就会切换镜头了。关于这一点，我们将在第五章“出镜与调度”中详细讨论。

三、“故事”内容与新闻要素

在电视新闻制作过程中，怎样选择一个故事以及怎样讲述一个故事

图 4—12

是电视新闻制作者每天都需要面对的课题。在美国名牌电视新闻节目《60 分钟》[①]（如图 4—12）栏目组，制片人每天跟编导讨论的就是如何找到并讲述一个个精彩的故事，主持人在播出的过程中也会向观众强调说，我们今天会带给你一个什么样的"故事"。自节目创办以来的 30 多年中一直担任制片人的唐·休伊特在讲述这一电视新闻栏目成功的秘诀时说："《60 分钟》成功的公式是简单的，它可以就简化为几个字，这几个字是世界上所有的儿童都知道的，那就是：给我讲一个故事。就这么容易。"[②]

用叙事学的观点来看，"故事"实际上就是叙述内容。不过，在叙事学的理论体系中，"故事"已经脱离了具体故事所承载的历史或现实的信息而成为一种结构形式，"故事在这里被定义为从叙述信息中独立出来的结构"[③]。将故事视为结构意味着对故事这一概念的探讨主要集中于故事的结构特征，通过研究它的各个组成部分，尤其是其中潜在的内在关系的

① 从历史的角度来看，说《60 分钟》是"美国最具影响力的电视新闻杂志节目"一点也不为过。这个创办于 1968 年的栏目是美国 10 个历史最长的高收视率节目之一，曾连续 22 年高居排行榜前 10 名；它曾经 5 次成为美国收视率的第一，这 5 次"第一"跨越了 20 世纪 70 年代到 90 年代的 30 年，历史上很少有节目像它一样为几代人所共爱；它是美国转播率最高的黄金时段节目，1999 年它创下了 1412 家电视台同时在黄金时段转播其节目的纪录；它曾是美国黄金时段电视节目获电视最高奖"艾美奖"（Emmy Awards）最多的节目；有人称它改变了电视没有深度报道的历史。

② 〔美〕唐·休伊特：《60 分钟：黄金档电视栏目的 50 年历程》（*Tell Me A Story：Fifty Years and 60 Minutes in Television*），马诗远、林洲英译，清华大学出版社 2004 年版，第 3 页。

③ 胡亚敏：《叙事学》，华中师范大学出版社 1994 年版，第 118 页。

形式构架,来了解故事自身的结构方式与规律。

就广义的电视新闻而言,它包括了消息、谈话、专访、深度报道等多种节目形态,每一种节目形态对形式元素的侧重以及元素之间的结构关系都不尽相同。不过,由于电视新闻以传递信息为最基本也是最核心的诉求,因此,各种节目形态在叙述方式上,尤其是叙述内容的构成元素和相互关系上是一致的。谈话、专访以及调查报道等可能在内容的深度上超过消息类电视新闻,但从叙述内容涉及的构成元素以及报道流程和环节等角度来看,消息类电视新闻,尤其是电视新闻直播,则比其他的节目类型都更为复杂。因此,了解电视新闻直播在叙述内容上的特点,也能为了解其他节目形态的叙述方式提供参照。

电视新闻直播以呈现现场为主要目的,其叙述内容——"故事"当然围绕着"现场"来构建。用叙事学的观念来看,现场指的是正在变动的当下情景,它在叙述过程中对观众具有"核心吸引力"。由于现场的不断变动,直播才能吸引观众一直往下收看。其实,在直播中真正推动"故事"进展的是因现场的变动而产生的"悬念",即将出现的情形是真正吸引人的原因,这正好符合新闻学的一条金科玉律:变化出新闻。

从叙述结构的角度来看,变动意味着支持着某一局面的矛盾关系发生了变化,"像一颗石子投入了水中"。"平衡的状态被打破,破坏力量一直在叙事中起着作用,直到问题解决,获得一种新的平衡。"[①]"平衡—破坏—再平衡"的过程形成了电视新闻直播的基本节奏,也成为直播叙述的基本结构。电视新闻直播中最吸引人的就是这个过程中的不平衡状态。

那么,对于具体的电视新闻直播而言,这种导致不平衡状态的"变动"是什么,又由哪些因素组成呢?用叙事学的观点来看,故事的主干由情节

① 〔英〕大卫·麦克奎恩:《理解电视》,苗棣等译,华夏出版社 2003 年版,第 109 页。

组合而成，现场的变化可以被看做“情节”或“事件”。“情节在这里被定义为事件的形式系列或语义系列，它是故事结构中的主干，人物、环境的支撑点（当然，这并不排斥其他因素在某些具体作品中居于支配地位）。”[①]不过，情节并不是构成故事的最小元素单位。从叙事学的开创者普洛普开始，叙事研究者们就开始使用“功能”这个概念来对情节的组成要素进行描述，“功能被视为人物的行动，由其在情节发展过程中的意义来确定”[②]。在罗兰·巴特看来，“一部叙事作品从来就只是由种种功能构成的，其中的一切都表示不同程度的意义。这不是（叙述者方面的）艺术问题，而是结构问题”[③]。也就是说，一个个功能的变化组成的序列引起了情节的起伏，并形成了故事在整体上的不平衡状态。

电视新闻直播的叙述过程也不例外，由一个一个的情节组合而成，而每一个情节也是因为其中的各种“功能”的变化不断堆积而成。显然，电视新闻中的“故事”不是指虚构的情节组合，而是指到目前为止事件发生发展的大体脉络和基本过程。在传统的新闻学看来，新闻内容由五要素构成，即五个“W”：时间（when）、地点（where）、人物（who）、事件（what）、原因（why），有时还要加上一个 H（How，影响）。实际上，这些要素正是构成电视新闻“情节”的“功能”（在此亦可理解为动因），每一个要素的变动（自身的实际变动或者是由语境的变化而产生的意义的相对变动）都会推动新闻事件向前发展，从而带来整个事态的变化。

在电视新闻直播中，对这些要素最常用的呈现方式是一个剪辑好的新闻短片，它涵盖了观众应该知道的信息的基本要素。这个短片通常在播出前制作完成，长度一般为 1 分 30 秒。在直播的过程中，这个短片在

① 胡亚敏：《叙事学》，华中师范大学出版社 1994 年版，第 119 页。
② 〔俄〕普洛普：《民间故事形态学》英译本，得克萨斯大学出版社 1986 年版，第 21 页。
③ 〔法〕罗兰·巴特：《叙事作品结构分析导论》，《叙述学研究》，中国社会科学出版社 1989 年版，第 11 页。

记者出镜之后切入播放，结束之后记者会再次出镜。从形式上看，这个短片是被包裹在记者的出镜之中的，因此，西方称它为新闻包（news package），港台则形象地称其为“罐头”。短片中的声音是出镜记者的声音，有时就是出镜报道声音的延续，有时是记者在出镜前配好的解说。由于之前有记者出镜的引入，这个声音不是一个陌生的配音，它已经为观众认识和熟悉，这种声音的顺延保证了新闻直播叙述人的一致性，使得短片中的画面更像是被包裹的内容。

这种通过主播与记者的连线将包含新闻要素的短片包裹在内的叙述方式已经成为电视新闻直播的经典结构，其他的方式大都在“主播＋记者＋短片（5w）＋记者＋主播”的基础之上变化而来。

不过对于电视新闻直播的叙述内容而言，非常棘手的一个问题在于，现场并不是任何时刻都处于变动之中。也就是说，如果只对现场进行呈现，那么直播在很多时候并不具备吸引人的力量。只有当现场处于变动状态的时候，这种力量才是存在的。当现场没有变动发生的时候，直播就只能借助于其他内容来展开叙述。

在电视新闻直播的过程中，除了主播的引述和记者的报道之外，在演播室里往往会设置嘉宾或评论员，他们对事件的发生发展和走向给出一些分析、评价、预测，主播有时也会对一个事件进行评论。嘉宾、评论员和主播对事件进行的评论也是信息，不过与来自现场、包含新闻要素在内的“事实性信息”不同，这些分析、评论、预测主要是“意见性的信息”。在叙事学的概念体系中，这种意见性的信息被称做“话语”（discourse）。与来自现场的事实性信息相比较，话语主要是与事件相关的一些信息，或者是事实性信息的一些延展，主要是对事件影响、意义的确定，也就是说，是对事件的定位。

电视新闻直播的叙述过程就是对事件和话语的组织过程。如果新闻直播报道在叙述过程中不能很好地呈现事件和话语，直播报道在内容上就会空泛干瘪。近年来电视新闻直播在内容结构上出现的问题，大多都是因为对叙述内容与新闻事件和话语之间的关系认识不清。其中尤其突出的是对于“现场”的狭隘理解，认为现场直播的一切都必须是正在发生的，因此大量采用无剪辑的方式进行拍摄，导致新闻要素不能得到很好的呈现。

在近年来的电视新闻现场制作中，无剪辑拍摄是非常流行的方式。在镜头设计非常巧妙的情况下，这种拍摄方式确实能带来最具现场感的效果。不过与多个短镜头组合的方式相比，无剪辑拍摄的操作难度非常大，通常需要多种大型设备（如摇臂、轨道等）才能完成，在现场制作通常只有单人单机的情况下是很难实现的。有些摄影师甚至用肩扛摄像机的方式来完成这种拍摄，结果在屏幕上出现的就是一些随意摇晃的“长镜头”，画面既没有信息量又缺乏形式感，貌似“原生态”，实际上却忽略了新闻首先要提供信息的基本要求。

仍然以中央电视台与台湾东森电视台对神舟六号的直播报道为例来分析这一问题。在此选取的两段报道是《东方时空》特别节目《两岸看神舟》在前后紧临的两个时段内播出的。先来看东森电视台的报道。

表 4—5

画　面	声　音
火箭模型、小学生进入天文科学馆参观的画面	【解说】神舟六号成功发射，在台湾引发一股太空热，昨天台湾媒体整版报道，在台北的天文科学馆顿时成为参观热门胜地，许多学校特别安排学生来参观，小朋友对太空火箭到太空生活状况都表现出强烈兴趣。
小学生体验太空舱的画面	【同期声】好，走，下一个，真好玩呢。

续表

画　　面	声　　音
记者杨钊出镜报道（如图4－13）	【杨钊】我现在所在的位置是在太空梭的驾驶舱，当然这全都是假的，为了让民众了解到如何驾驶太空梭，主办单位甚至把太空梭的驾驶舱1∶1的全部搬到展览会场里头。
火箭模型、杨利伟照片、小学生在天文科学馆内参观	【解说】值得一提的是，在太空馆里还展出大陆的长征二号火箭模型，更展出神舟五号太空人杨利伟的照片，这些都是展示区里面的一个个亮点，让台湾民众能够进一步了解到大陆科技的发展过程。主办单位表示希望借由这一次“神六”发射成功，提高台湾对太空科技的重视。
采访台北天文科学馆公关主任李静茹	【李静茹】我们基本上透过展示、学习、体验、训练，包括我们有一个十万种子太空人的训练，我们希望说透过像现在“神六”这样一个升空成功，他整个在太空舱里面怎么样的生活，那以及他的太空人怎么样的训练，我们在现场都有这样的体验设备。
小学生在天文馆里体验的画面	【解说】由于这一次的神舟六号太空船发射成功，带动台湾太空热，因此主办单位预估太空展览可能会吸引爆满的民众来参观。东森新闻综合报道。

图4—13

应该说这里采用的是比较常规的电视新闻的报道方式，并没有太多新意。但是在这段报道中，新闻要素俱全，而且有过程有细节，有事件画面也有出镜报道，有同期段落也有现场采访，对信息交代得非常清楚。反观央视记者的报道，我们立即就能发现在呈现方式上的不同。

表 4—6

画　　面	声　　音
镜头从发射场拉到记者，停在记者近景，然后摇镜头到白色小楼，然后再摇回到记者的近景	【记者】这里就是神舟六号进行发射的发射场，远处就是发射的发射架，飞船进行发射，有相应的监控和相应的口令传达系统，这个系统就在距离发射架 1500 米的地方，就是我面前这个白色的三层小楼，这里面有相应的监控和下达命令的指挥中心，对于这个飞船下达倒计时“5、4、3、2、1，起飞！”的口令就是从这里传达下去的。
航天发射指挥系统	【画外音】随后记者走进了发射中心，记者面前的是一套复杂而严密的指挥发射系统。
记者出镜报道	【记者】在这个系统中，核心就在这儿，各个系统都要把信息汇总到这个地方来，这个地方就相当于人的大脑，各个系统像眼睛、耳朵、鼻子、嘴一样，要把信息反馈给大脑，由大脑作出判断分析，最后下发指令。 　　我们可以看到这是 0 号指挥员，当时他就应该坐在这个地方，来下发指令，倒计时，5、4、3、2、1，起飞，就是这个地方发出的。我们坐在这个地方感受一下，可以看到前面这么多的对讲装置，包括可以直接与航天员进行通话，上面可以有北京时间，预定起飞时间，包括飞行时间等等相应的一系列数据。在这个地方我们了解到这样一个非常有趣的信息。大家都可以看到 0 号指挥员，前面有一个火箭系统的指挥员叫 02 号指挥员，没有 1 号指挥员，那么为什么是这样呢？我们跟这里的工作人员沟通之后他们告诉我们，因为 0 号指挥员要在这里喊倒计时，五、四、三、二、一，起飞，这个起飞的时候正好为零，那么在他们心目当中这个 0 是工作当中最后一个关节点，而且在他们心目当中也可能是最大的，所以被称做是 0 号指挥员。 　　在整个系统当中我们看到这是核心，在他的两边就是像这样的系统，逃逸控制台，这呢是一个操作人员在这里操作，那边还有一个逃逸指挥员所坐的地方，在这个地方的工作人员呢，通过各个方面的数据来作出判断，是否出现故障，如果有问题的话呢他要及时地向那边的逃逸指挥员汇报，然后逃逸指挥员再向 0 号指挥员来汇报，0 号指挥

续表

画　　面	声　　音
记者出镜报道	员就下发指令，这边操作，可能按一下回车键，整个逃逸系统就会启动，这样能够很好地保证航天员的安全。 　　我们看到这个庞大系统的前面就是这样一个由很多大屏幕组成的航天安全监控指挥系统，在这个系统当中呢有很多非常直观的数据，包括一些画面是能够看到的，下面这几个大屏幕，虽然它没有打开，我按着顺序给大家指一下，最右边的那个屏幕能够直接看到发射架的情况，再往这边的那个屏幕可以看到火箭的情况，中间的这两个主要的屏幕呢可以随时切换，这个屏幕是可以看到航天员在船舱里的整个工作生活的状态，最后的这个屏幕呢可以看到飞船在飞行过程中它的速度轨迹，它的速度的情况，包括它的运动轨迹，而且像上边有几个那样的电子屏幕呢可以反映出当时的天气的情况，气温的情况，包括飞船、火箭、航天员等各种参数的情况，由这个系统最后作出决定，下发指令。

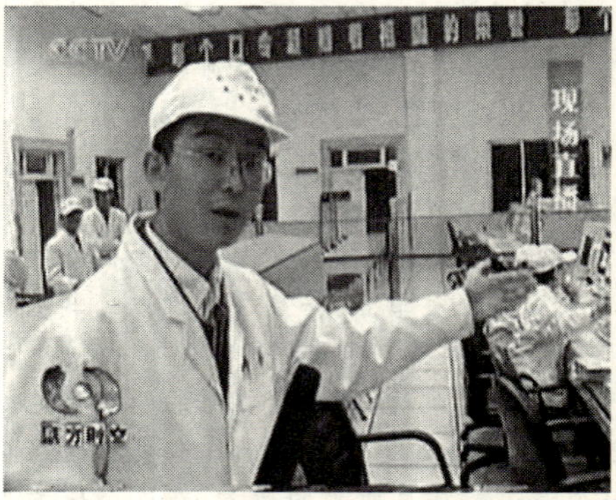

图 4—14

在这段对飞控中心的报道(更准确地说是介绍)中，整条新闻是一个长镜头到底，在介绍的过程中没有任何其他的要素做配合。记者已经竭尽所能来完成报道，其叙述过程也比较流畅，但到后来明显有些力不从心，因为如此长的一个段落，众多的信息和细节的讲述，已经超出了记者个人的能力范围。在他对飞控中心各个操作环节的介绍中，用到了大量的“这”、“那”等指示代词，但由于镜头很难跟上，观众必须非常努力地顺着他所指的方向去理解(很多时候甚至是猜测)他所提到的对象的特征,对于信息的交代是非常模糊的。这种呈现方式就不太符合电视新闻叙述的基本要求。

四、叙述时间与时态

除了叙述人与叙述内容,在电视新闻直播的叙述方式中还有一个很重要的问题:叙述时间,即这个故事是在什么时间讲述给你听的。叙事学者胡亚敏在谈到叙述时间的重要性时曾说:“叙事文属于时间艺术,它须臾离不开时间。取消了时间就意味着取消了叙事文。”①对电视新闻来说,叙述时间也具有同等的重要性。从叙述时间的角度来看,叙事文本是一个“具有双重时间序列的转换系统”②,它内含两种时间:“被叙述的故事的原始或编年时间与文本中的叙述时间。”③也就是说,叙述行为发生的时间和故事发生的时间是可以不同的。简而言之,叙述时间指的是叙述人在什么时间讲述这个故事。

对电视新闻直播而言,这个问题从表面上看好像并不存在,因为直播就意味着“异地同时的信息共享”,讲述故事的时间就应该是事件发生的时间,好像并不存在叙述时间与故事时间的差异。不过在具体的新闻直播过程中,事件发生的时间与叙述时间是有区别的。这种区别主要表现在两个方面:一是直播开始时间与事件发生时间之间的区别,二是直播过程当中共时与历时的区别。

第一种区别发生在不同类型事件的直播中。事件类型不同,电视新闻直播的叙述方式自然就不一样。事件发生时间与直播开始时间之间的

---

① 胡亚敏:《叙事学》,华中师范大学出版社1994年版,第63页。
② 同上。
③ 同上。

差异形成了直播的三种类型：同步直播、前导式直播和追溯性直播。从一般意义上看，直播指的是自然同步直播，但对于新闻直播来说，不是每次直播都能够与事件的发生同步进行。可预知事件的直播一般要早于事件的发生，这种直播称作前导式直播，对连战大陆行、北京奥运会的直播就属这一类型。突发事件的直播一般总是要晚于事件的发生，这种直播就称为追溯性直播。不同类型直播在叙述时间上的差异也使得叙述时态产生了区别。

在常规性的电视新闻直播中，因为报道的时间通常晚于事件发生的时间，追溯性直播就成为常态。不过，在事发之后要对事件进行直播报道，也往往成为直播操作的难点所在。举个例子，某个林场在下午 3 点发生了火灾，新闻在晚间 6 点播出，但火已经被扑灭了，还能做直播么？要做的话怎么进行？在录播时代，新闻节目只能用过去时态的方式来播出信息。但在直播时代，新闻节目的操作方式则不一样了。电视台会派一个记者赶到发生火灾的林场，在 6 点新闻开播的时候站在火灾发生的地方，通过与主播的连线来把火灾的信息报道给观众。记者在火灾发生地（已经不是严格意义上的现场）的出镜报道从当前的情况讲起，然后回溯到之前火灾发生时的种种情形。这样的报道方式用了一个现在进行时的外壳或者说是包装，把过去发生的事情包裹在内，从而使得过去时态的报道变成了现在完成时态。

来看一个实例。2005 年 6 月，台风“麦莎”登陆江苏、浙江两省境内，江苏卫视城市频道打破正常节目编排，派出 SNG 报道小组，对台风“麦莎”进行了全方位的直播报道。表 4－7 是记者芦强在浙江台州所做的 SNG 连线报道。

表 4—7

画　　面	声　　音
双视窗 左为“芦强在浙江台州现场” 右为“演播室”	【孟非】芦强你好。 【芦强】你好孟非。 【孟非】现在你的位置是哪儿？
切到现场全屏 记者芦强的中景 字幕“SNG”	【芦强】我现在是在绍兴市的一个镇上，在这里我们在这为您作 SNG 的现场连线，那么从昨天中午开始，我们赶赴到浙江台州市来感受一下台风的这个情况，在凌晨三点的时候，我们到达了温岭，在那确实亲身体会到了台风“麦莎”登陆时候来势的凶猛。
字幕“较早前录影” 芦强在浙江温岭清晨做出镜报道 空镜:温岭街头的情况	【芦强】这里是浙江台州温岭市，我现在是在温岭大街上，为您做台风“麦莎”的现场报道。就在报道一个小时之前，6 号的凌晨 3 点 40 分，台风“麦莎”已经在浙江台州玉环县赣江镇境内登陆，并且台风“麦莎”正在以每小时 20 公里的速度，继续向西北方向移动。此时此刻台风“麦莎”正在通过我所在的这个位置，浙江台州温岭市，我们看到凌晨的温岭市大街上很少见到行人和车辆。“麦莎”在离开了温岭之后，当时对登陆的玉环县造成了 74 间房屋倒塌，直接经济损失达到了 3.6 亿元。
字幕“较早前录影” 芦强 11 点钟做出镜报道	【芦强】6 号的上午 11 点钟，台风“麦莎”对台州整个的袭击还没有完全结束，现在台州市的温岭地区，市区的洪涝非常严重，最深的积水能达到一米以上。目前我们还没有得到有关台风“麦莎”对浙江台州以及温岭地区造成的财产损失以及人员伤亡的详细报告。
切回现场，全屏 芦强的中景 字幕“SNG”	【芦强】台风“麦莎”的中心风力现在只有 11 级，这样的风力破坏力和强度都不是特别强了，这是一个好消息带给大家。另外还有一个消息，就是说到目前为止台风“麦莎”登陆的台州市没有一人伤亡，这是非常好的消息，如果说减弱为强热带风暴之后呢，在今天夜里或明天早晨登陆到南京可能对南京地区的损坏程度，可能不会有大家预期的，像“麦莎”台风那样登陆损坏程度那么高。大家还要小心。那么关于“麦莎”的最新的消息就是这些。
演播室	【孟非】谢谢芦强，注意安全。

图 4—15

这就是一次典型的追溯性直播。记者芦强用在现场的 SNG 连线报道(如图 4—15)将“较早前录影”包裹在其中,从而使之前发生的事件变成了现在报道的内容。从叙述时态上说,就是把过去时态变成了现在完成时态。这是在掌握了直播叙述方式的情况下作出的灵活应用,报道方式的变化也改变了新闻带给观众的感觉,观众在事发之后的追溯性报道中依然能够感受到现场的氛围。

另外一种区别发生在一场直播的内部。正如之前在对叙述内容进行分析时所谈到的那样,任何一场直播的内容都不可能仅仅是来自现场的信息,因为现场不可能总是处于剧烈变动的状态,在现场没有什么变化的情况下,就需要大量与现场相关的信息来填补。用符号学或是叙事学的观点来分析,变动的现场和相关的信息在叙述时间上体现为两种状态:共时与历时。

共时与历时这一对概念首先是由符号学者索绪尔提出的。他在语言学的框架内提出了“共时语言学”与“历时语言学”的区别,指出共时语言学研究的是“同一个集体意识感觉到的各项同时存在并构成系统的要素间的逻辑关系和心理关系”①,而历时语言学则相反地“研究各项不是同一个集体意识所感觉到的相连续要素间的关系,这些要素一个代替一个,

① 〔瑞士〕费尔迪南·德·索绪尔:《普通语言学教程》,高名凯译,商务印书馆 1980 年版,第 143 页。

彼此间不构成系统”。[①] 也就是说，用共时的(synchronic)方式研究文本就是探究元素之间的关系，而用历时的(diachronic)方式研究文本则是审视叙事的演变方式[②]。换言之，共时方式研究构成叙事的各个事件之间的联系，而历时分析则用来解读文本即发掘文本中隐含的两两对立模式(the pattern of paired oppositions)。

在电视新闻直播中，最重要的内容是现场的变动，即正在发生的由时间、地点、人物、原因、影响等因素的变动而造成的不平衡状态。这种状态在叙述时间上主要体现为历时关系，即按时间顺序依次展开。在这种展开的过程中，各种因素的变化是由于矛盾关系的改变而导致的，它一般体现为一种两两对立的模式，此消彼长即生变化。一旦这种两两对立的模式不再具有新的发展动力，电视新闻的叙述就必须立即借助于另一重关系——共时关系，即与此事件相关的各种事件来进行补充，这时就会进入背景、影响等元素的呈现，直播的叙述就会由新闻的第一落点转向第二、第三落点。

在电视新闻直播中，共时的信息内容主要有两大部分。一部分是演播室的嘉宾评论。在没有现场信息传回来的情况下，电视新闻直播就只能利用演播嘉宾的信息积累和背景知识来往前推进。另一部分则是在直播进行的过程当中，为了提高信息量和新闻更新率，经常采取多视窗的方式来对现场进行呈现，在屏幕下方也会用滚动字幕交代与现场相关的内容。近几年来，直播过程中在屏幕上出现的共时内容越来越丰富，增加共时内容已成为电视新闻直播在实际运作中的一种趋势。

为了对电视新闻直播“共时”与“历时”的叙述方式有更为清楚的了

① 〔瑞士〕费尔迪南·德·索绪尔：《普通语言学教程》，高名凯译，商务印书馆1980年版，第143页。

② 〔美〕阿瑟·阿萨·伯杰：《媒介分析技巧》，李德刚、何玉译，中国人民大学出版社2005年版，第29页。

解，我们用一个坐标图来加以解释（如图 4－16）。在左图中，横坐标表示共时关系，纵坐标表示历时关系，而坐标体系内的粗线箭头表示电视新闻直播叙事的走向。显然，叙述时间的线条不会完全按照历时的时间线发展，更不会按照共时的时间线发展，而是会在共时与历时的牵引下（即图中的坐标体系）沿着斜线方向发展。

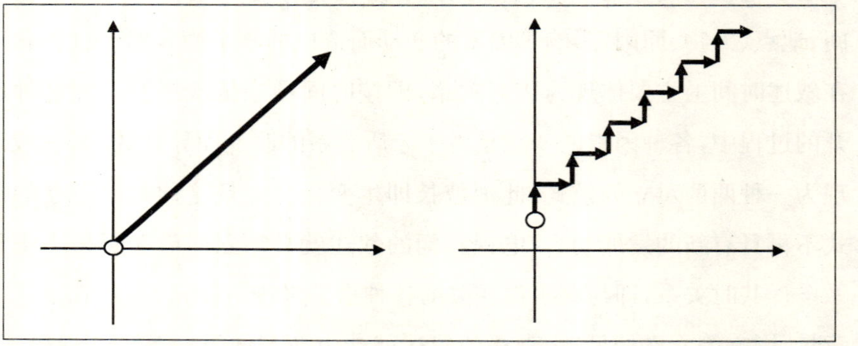

图 4－16

进一步研究叙述时间线条的形成方式，我们发现，在电视新闻直播叙述的过程中，共时因素与历时因素不会同时起作用，而是会在一个时段以某种因素为主，交替推动叙事的线条向前延伸（如图 4－16 右图）。以美国“9·11”事件的直播为例，电视新闻直播的叙述起点只能是在第一架飞机撞击世贸大楼以后（表现为在纵坐标上已经发展了一定的距离），在这一事件（剧烈变动的因素）发生以后的一段时间内，电视直播沿纵线发展，即主要是对被撞大楼的变化状态的呈现。之后转入对一些相关因素的叙述，比如是谁制造了这次事件、动机是什么、有多少人死亡、人们的评价意见如何，等等。在第二架飞机再次撞击大楼之后，电视新闻的叙述又呈纵线方向发展，之后又进入横向发展的状态。在大楼倒塌的过程中，叙述又呈纵线发展，之后又转入横向发展。正是在这种纵横交替——即共时关系与历时关系的转化过程中，电视新闻直播的叙述过程不断被推向前进。

当然，在这种纵横交替的叙述过程中，我们也可以看出，电视新闻直播是被牢牢控制在节目制作者手中的。尽管是异地同时的信息共享，但直播呈现给观众的其实是一种“被叙述的事件”：事件的新闻要素被精心地组织和编排，然后在一个直播的序列中有条不紊地呈现出来。从这个角度来说，电视新闻直播正是对事件现场的一种言说、叙述和呈现的过程。

第五章

出镜与调度

我们在第三章谈到了直播时代记者工作的变化，通过第四章又了解了作为主述人的记者在直播叙述中的功能。我们已经发现，身处现场、站在镜头前的记者在直播时代的电视新闻报道中具有举足轻重的地位。作为电视新闻“拟人际传播”模式和“对话”语态的具体体现，记者的现场报道既构成了电视新闻的主要内容，也已经成为直播新闻的基本形式与格式。

也正因为如此，出镜能力对于电视记者就变得越来越重要。美国资深电视记者鲍勃·阿亚说：“现场报道中的驾驭能力将最好的记者区别出来，这些能力对把握工作、发展事业相当重要。许多年前，新闻节目导播通常要看应聘者的个人简历磁带，评估他在镜头前的可信性、自信心和写作能力。在近十年来，情况发生了一些变化，大多数导播也看应聘者的个人简历磁带，也评估前面提到的一些标准，但他们更看重应聘者在现场报道中把握自己的能力。”①

在当前的中国电视新闻机构中，这种情况正变得越来越普遍。好的出镜记者已经成为当前电视新闻机构中最稀缺的资源。近几年来，很多电视机构到传媒院系招聘毕业生，有过出镜训练或者经验的学生就备受青睐。有的电视新闻机构甚至坦言要招的就是出镜记者。在对刚入职的电视记者进行培训时，电视新闻机构目前最重视的也是出镜能力的培养

① 〔美〕鲍勃·阿亚：《直播前30秒》，黄丽莎译，新华出版社2000年1月版，第1页。

和训练。

一句话，出镜已经成了当今电视记者最重要的必修课。不过，出镜并不是“站在镜头面前说几句话”那么简单，尤其当记者面对的是正在直播的镜头时，对其各方面能力的挑战是非常大的。那么，出镜该如何把握？可以从哪些方面入手？哪些元素是最需要掌握的？在不同的场合该如何选择相应的方式？面对现场的变化又应该如何调整和控制呢？本章将对这些问题逐一进行探讨。

一、画面的构成

1. 画面与非语言

要谈到记者在镜头前的表现，就必须了解记者在画面上的呈现。也就是说，记者要根据最终在画面上呈现的效果来把握出镜的要素，并选择和调整出镜的方式。因此，电视记者必须懂画面，好的镜头感正是基于对“画面语言”基本规律的认识和理解。

不过，要真正了解“画面语言”，前提却是理解画面的本质为非语言。这句话听上去好像自相矛盾，其实是因为前后两个“语言”概念的外延不一样。我们通常所说的“画面语言”是在广义上使用“语言”这个概念的，它指的是所有可以表意的符号系统。而在狭义上，语言指的是口头语言和书面语言，即口语和文字，口语和文字以外的其他传播符号与方式就被称为非语言。

从广义上而言的“画面语言”是一种习以为常的说法，其最直接的来源是“电影语言”，无论是蒙太奇还是纪实观念，都自然而然地将画面作为语言来看待。这种说法尽管在一般意义上可以成立，但它容易混淆我们对于画面本质的认识。要认识画面语言的本质，就必须在语言与非语言的区分中来认识“语言”这一概念的真实内涵。

语言与非语言如何区分？如果我们只是说“口语与文字之外的就是非语言”，那么就很难讨论口语表达中的语气与语调、语速与口音、音色与音质、音高与音长、节奏与停顿究竟是语言还是非语言，也很难区分字体、字号究竟是语言还是非语言。现代语言学是从符号结构上来对语言和非语言进行区分的，这种结构中最基本的就是能指与所指的关系。

能指与所指这一对概念是欧洲符号学的创始人索绪尔提出来的。在索绪尔看来，每一个符号均由这两个部分构成：“能指”（signifier），即意象、客体或声音本身（符号的这部分具有物质形式）和“所指”（signified），即符号所表示的概念。其中，能指是符号的表示成分，所指是符号的被表示成分。显然，能指和所指这两个术语是互相界定的，而这两者之间的结构关系就构成了符号。“符号是能指和所指相联合所产生的整体。”“语言符号联结的不是事物和名称，而是概念和音响形象”，“我们把概念和音响形象的结合叫做符号”①。

对符号结构的认识方法后来被应用到哲学领域，结构主义等现代哲学观念就是以符号结构的方法为基础来对事物内部进行研究的。其实对这种关系的理解和阐释并不仅仅从西方现代哲学才开始，中国传统哲学中有很多对这种关系的解释。比如《易经》中就把阴和阳作为宇宙万物的构成要素，阴与阳因对立而存在，却又不能截然分开，即所谓“阴中有阳、阳中有阴”。阳发展到极致就转化为阴，阴发展到极致又转化为阳，也就是所谓的“阴即是阳，阳即是阴”。人们经常看到的八卦图就很好地表现了这样的关系。

与能指与所指之间的关系类似，语言与非语言之间也是这样一种对

① 〔瑞士〕费尔迪南·德·索绪尔：《普通语言学教程》，高名凯译，商务印书馆1980年版，第101～102页。

立而又互相依存的关系。语言是在与非语言的对立中存在的,没有非语言也就没有语言。但二者又无法截然分离,语言中也有非语言,非语言中也有语言。二者发展到极致之后又会互相转化。语言的极致接近于非语言,比如特别好的文学作品能够引起非语言式的通感,朱自清的《荷塘月色》中写月光,“仿佛远处高楼上渺茫的歌声似的”,用声音的效果来形容视觉的意境,就传递了语言所难以描述的状态,达到了一种非语言的效果。非语言的极致就是语言,比如画面剪辑的一个高级状态就是不需任何解说词,只用画面的组合即可实现跟语言一样的叙事和表意功能。

在符号学看来,语言与非语言之间之所以能够形成这种关系,其原因在于二者能指与所指之间的不同关系。语言的基本结构特征在于能指与所指的分离。我们既可以用“木—又—寸”的组合来表示“树”的概念,也可以用“t—r—e—e”的组合来表示同样的对象,无论是“木—又—寸”还是“t—r—e—e”,它们与所表达的对象之间都没有相似性,也就是说,文字与概念之间的连接关系是人为规定的,因此,这种关系是任意的。索绪尔对此的一个著名论断便是:“能指和所指的联系是任意的,或者,因为我们所说的符号是指能指和所指相联结所产生的整体,我们可以更简单地说:语言符号是任意的。”①

尽管符号学的基本任务是研究语言的符号体系,非语言在最初并没有成为其关注的对象,但由于对语言的研究从一开始就是从符号结构的角度来研究的,是建立在与非语言的对立基础上的,因此,语言符号结构研究所用的概念和方法同样可以应用于非语言的研究。非语言在符号结构上的特征恰好与语言相对应,其能指和所指之间的关系不是任意的,而是特定的。也就是说,非语言符号的能指与所指之间不能像语言那样截

① 〔瑞士〕费尔迪南·德·索绪尔:《普通语言学教程》,高名凯译,商务印书馆 1980 年版,第 102 页。

然分离，其表意也不能像语言那样任意和自由。在这方面最明显的例子是能够判别每个人确切身份的指纹，正是因为指纹和人的身份的一一对应关系，指纹才能作为身份识别的符号系统。

电视画面在符号结构上的关系符合非语言的特征。“在图像符号中，从结构上看，其能指与其所指相似。我们必须学会识别这种相似，正如我们要看地图或描绘地图一样。例如，画出的一只狗和那只所指意义上的狗（它也许是一只特殊品种的狗或通常概念中的狗）之间存在一致性，但这种一致性或许会以许多不同的形式表现。……按照惯例从侧面来画一只狗，即使不试图画成彩图，画面看上去只呈现黑色的轮廓线条，也只需画上两条腿、一条尾巴、一只竖起的耳朵和狗的胡须就行了。大多数上述这些有关绘画传统技法的告诫也适用于视觉图像，尽管我们认为电视画面更为栩栩如生。”①画面（能指）因其与表现对象（所指）“几乎完全一样”的关系，从符号类型上说，自然就是非语言，而不是“语言”。

当然，画面与所指对象之间并非一钉一铆的对应关系。有很多电视画面属于美国符号学创始人皮尔士所说的“指引符号（index）”，“指引符号不同于图像符号是因为它们有赖于能指和所指之间的物质联系：烟意味火，爪印意味着‘麻疹’，等等。由摄影机拍出的图像大多属于皮尔斯的那类‘指引符号’，因为它们需要于某个时间点在镜头之前有具体的所指事物出现后才能够产生。”②尽管这两类符号与所指对象之间的关系并不一致，但二者的共同点在于，它们与所指对象之间的关系是特定的而不是任意的，尽管它也不再是物质对象本身。

画面在符号上的非语言性质使电视媒介具备了非凡的传播优势。非

① 〔美〕罗伯特·C. 艾伦：《重组话语频道》，麦永雄、柏敬泽等译，中国社会科学出版社 2000 年版，第7 页。

② 同上。

语言符号在传递具体信息、表达细微情感方面具备的强大能力是语言符号所无法比拟的。“一个人通过非语言形式可以表示出喜欢和不喜欢的细微区别，对正在传播的重要性的认识，个人的反应和感情等等。图片的方式——包括从画的线到电影和电视——可以传播具体信息的综合。它们可以告诉我们某事或某人的外表或行动怎么样，如何实际操作一部机器，从宇宙飞船或球形潜水器里看到什么等等，效果比语言表达的好得多。”①我们说电视是一个“具象”的媒介，其实正是因为包括画面在内的非语言符号在这一媒体的符号构成中占据主要地位，并由这类符号在传递信息方面的效果所致。

以非语言作为符号主体形成了电视在符号结构上的本体特征。这种特点是电视这一大众传播媒介在传播模式上形成“人际传播拟态”的重要基础，因为在人际传播中，非语言符号同样充当了符号主体的角色。我们在前面已经谈过电视新闻直播的传播模式是人际传播的模拟状态，其实，画面与声音组合起来之所以能达到这种效果，其原因正在于这两种符号载体能够传递大量的非语言符号，从而形成与人际传播类似的传播方式和效果。因此，“人际传播的拟态”无论从传播学的角度还是从语言学、符号学的角度来理解，都可以成立。

2. 景别的构成

从画面构成的角度来说，出镜意味着记者成为画面的主体。而要分析主体在画面中的构成要素与呈现方式，首先遇到的一个基本问题就是景别，因为主体总是按一定景别呈现在观众面前，景别是电视画面的基本格式。

---

① 〔美〕威尔伯·施拉姆、威廉·波特：《传播学概论》，陈亮、周立方、李启译，新华出版社1984年版，第75页。

在认识到电视画面的非语言符号性质之后，我们对画面的构成要素就会有新的理解。有意思的是，不仅电视画面的符号性质是非语言，电视画面的很多格式和标准都是依据非语言符号的类型和内容来划分的，这其中就包括最基本的格式——景别。

电视画面的景别分为五级，从大到小依次是：远景、全景、中景、近景、特写。从实际拍摄的角度来说，景别的划分标准一般是人作为主体在画面上呈现的大小与所占画面的比例。不同景别的画面有不同的内容重点和呈现功能，用符号学的观点来看，这些内容与不同类型的非语言符号相对应。因此，景别其实是按画面所呈现的非语言类型来进行划分的，其中最主要的是身势语和空间关系。身势语主要包括表情、手势、相貌、服饰以及运动轨迹，空间关系则主要包括谈话距离与环境氛围等。这些非语言符号在人际传播中非常重要，它们是人际谈话传情达义的主要信息载体，对作为"人际传播拟态"的电视来说，这种重要性同样存在。各级景别对应的非语言符号类型如表5—1：

表5—1

景别	划分标准及画面内容	对应的非语言符号
远景	人物与背景	环境语、空间语、时间语、运动轨迹
全景	整个人物	环境语、相貌服饰语、运动方式
中景	腰部以上	手势与表情、谈话距离
近景	胸部以上	表情、谈话距离
特写	肩部以上、局部	表情、眼神

从表中我们清楚地看到，身势语和空间关系的不同类型与各级景别之间有着直接的对应关系，不同景别的画面实际上呈现的就是不同类型的非语言符号。从主体的角度来看，景别这一电视的基本格式实际上是严格地按照身势语的不同种类来进行划分的。从特写到远景，各级景别

都以相应的身势语作为其呈现内容。

当然，除了与身势语这一类非语言符号的关系异常密切之外，景别这种格式也还传递其他种类的非语言符号，其中最明显的是空间关系。从远景到特写，观众可以明显地感觉到与镜头上人物之间的距离越来越小了。而不易为人察觉的是，空间距离这种非语言符号其实还反映着更多的信息或是内容，比如人际关系和文化差异。

美国人类学家爱德华·霍尔研究了不同文化背景下的人际距离，提出了“空间也会说话”[①]的理论。他认为，一般而言关系越密切，人际距离就越近；距离越远，表明关系就越松弛。电视的不同景别能够通过呈现不同的人际距离来表达一定的人际关系，从而反映出一定的文化差异。比如美国电视节目对采访对象一般用特写（close－up）或是近景画面来呈现，而中国的电视节目常用的则是近景或中景，这在一定程度上反映了中美人际关系空间上的差异，有点类似于两国人们见面时拥抱亲吻与握手致意的区别。

在了解了各级景别的内容构成之后，再来看不同的景别对相应内容的呈现方式。电视画面构图时常用九宫格来对画面进行划分，我们也在九宫格中来看不同景别的画面如何呈现相应的非语言要素。在宽高比为4∶3的画面中，两纵两横的黄金分割线把画面分为九个格子，就称作九宫格。四条黄金分割线相交，形成四个点。从视觉生理上说，由于黄金分割线的位置本身就能够吸引更多的视线，它们相交形成的四个点就更是观众注意的焦点，因此，这四个点成为画面的视觉重心点。在构图的过程中，最基本的方法就是将画面中的主要元素置于视觉重心点上以吸引观众的注意。

---

① 〔美〕爱德华·霍尔：《无声的语言》，何道宽译，北京大学出版社2010年版，第126页。

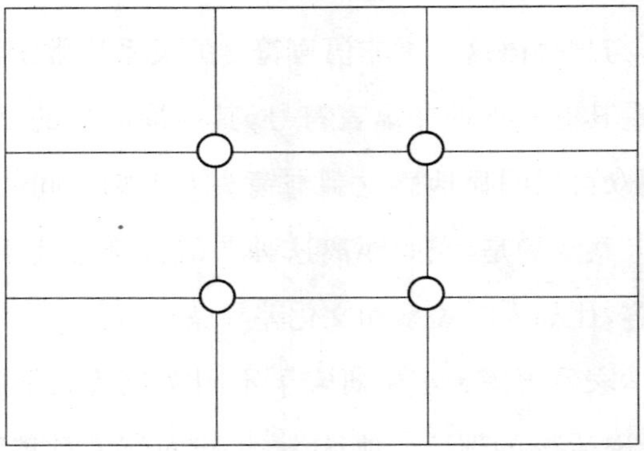

图 5—1

图 5—1 就是九宫格，图中四个点即为视觉重心点。在以九宫格作为参照的画面构成中，不同景别画面中的主体对视觉重心点的占据与分配是不一样的。

远景：要呈现主体的运动轨迹及与环境的关系，主体在画面中只是很小的一个点，意味着主体只能占据一个视觉重心点。

全景：要表现主体的全貌、运动方式及与环境的关系，主体一般会占据一条纵向的黄金分割线，意味着要占据位于一条纵线上的两个视觉重心点。

中景：要呈现表情、手势及空间距离，意味着人的腰部以上出现在画面中。由于人要作出手势时一定会将前臂提到腰部以上，中景就以腰部作为划分的标准。主体需要占据三个视觉重心点，其中表情占据画面上方的一个点，手势占据画面下方的两个点，画面上方的另一个点就成为背景中具有明确标识功能的陪体的位置。

近景：要呈现的是表情和空间距离，意味着胸部以上的部分会成为画面内容。主体同样需要占据三个视觉重心点。除了人的面部会占据上方的一个点以外，下方的这条线被人的肩线所占据。肩线出现在画面中一方面是为了保持画面的平衡，因为如果只是人的头部出现在画面上，稍一摇晃画面就会失去平衡感；另一方面则是为了形成画面的透视感。近景画面中的主体面对镜头时一般会倾侧一定的角度，肩线在画面上就会形成一条斜线，在视觉上产生向纵深处延伸的感觉，从而产生一定的立体感。近景画面中上方的另一个视觉重心点一般会由一个没有实际意义的陪体占据，而且经常是虚化的，原因就在于近景要呈现的主要是人的面部，一般会用长焦镜头来拍摄，背景自然就会虚化。

特写：常常是一些有特点的局部，如果以人脸为主体，那么四个视觉重心点都会被人脸所占据，就会形成非常有视觉冲击力的镜头。

在仔细了解了各级景别对相应非语言要素的呈现之后，我们发现，景别越小，对画面中要素的呈现就需要越精细。这是因为景别越小，进入画面的元素就越少，每一个元素对画面的影响就越大，因而对元素的经营就需要更加精心。在实际拍摄中也是如此，画面景别越小，往往越能看出拍摄者的功力和水平。

二、出镜的要素

1. 主体的元素

在我们对不同景别的构成要素与呈现方式有了较为深入的了解之后，再来分析记者在出镜画面中的呈现方式就非常容易了。记者在现场一般会站在镜头前做报道，在观众看来，屏幕上的记者就像是站在面前说话一样。电视在传播模式上作为对“人际传播的拟态”，体现在出镜画面的内容上同样与日常人际交流中“站着说话”的情景相似。在日常人际交流的过程中，人们面对面站着说话时，传情达意的视觉要素主要是表情和手势。在远、全、中、近、特这五级景别中，以表情和手势为主体要素的景别是中景。而且与全景和近景这两个相邻的景别相比，中景呈现的人际距离比全景更近，呈现的空间关系又比近景更为丰富，因此，中景使观众在看到记者“站着说话”的同时还能产生更多身临其境的现场感，从而更多地参与到电视节目中来。由于这些因素的共同作用，中景就成为电视记者出镜的基准景别。记者出镜时画面上自然可以有很多变化，不过无论是镜头的推拉摇移还是记者的出画入画，这些变化都得以中景作为基础。

在以中景作为基准景别的出镜镜头中，画面主要呈现的元素是表情、手势与空间关系。而记者作为画面主体，在镜头上的非语言要素还可以具体细分为：表情、手势、位置、角度、朝向、运动，等等。其中，表情与动作是主体在视觉呈现上的主要元素，自然也成为画面构图的重点。记者在画面中的位置、角度与朝向这三个要素互相关联，而且它们是通过主体与背景的关系呈现出来的，主要反映的是空间关系和谈话距离。而记者一旦在镜头前运动起来，上面这些元素就都会发生相应变化，不仅记者自身的身势语会产生变化，记者在画面上的位置、角度与朝向会发生变化，画面中的背景也会发生变化。由于这些要素都处于变动之中，各要素之间的关系也会相应变化，出镜方式就变得较为复杂。在现场制作的过程中，不仅记者需要很好地控制自己的表情、手势以及运动的方向、速度与轨迹，摄像师也需要精心地调度记者在画面中的位置、角度、朝向以及与背景之间的关系，使各种要素都能正常地发挥其功能。对因记者的运动而需要进行的现场调度这一问题，我们将在本章的第三节中进行详细探讨。

接下来具体看看出镜的这些要素在九宫格中如何占据和分配视觉重心点。一般来说，记者在画面上的位置会偏左或偏右，也就是说会位于某一条纵向的黄金分割线上。在这条纵线上，表情会占据上方的一个视觉重心点，表情下方的视觉重心点一般会是记者手持话筒上的台标所处的位置。记者出镜时一般使用的是手持的采访话筒而不用领夹话筒，这一方面是因为采访话筒有一定的指向性，适合于在较为嘈杂的现场中采访而使声音不受影响；另一方面则是因为采访话筒可以套带台标，现在各电视台之间的新闻竞争异常激烈，台标就是电视新闻机构到场的标志，是电视新闻机构实力的象征。在另一条纵向的黄金分割线上，下方的视觉重心点上是记者的另一只手作出的手势，一般来说，记者的手势会将观众的视线带向背景中的明显标识物，而这个标识物一般又位于手势上方的视觉重心点上。记者出镜画面在九宫格中的四个视觉重心点就是通过这样的方式进行分配的。

在出镜之前，记者需要仔细考量和安排自身与背景之间的空间关系。其中尤其需要注意的是在画面中的位置，因为一旦主体的位置变化了，朝向和角度这两个要素也会跟着发生相应的变化。如果主体在画面上的位置偏左，也就是说记者位于画面左侧的纵向黄金分割线上，那么身体自然就会朝画面右边倾侧。主体身体前方的区域是画面上的活跃区域，容易引起观众的注意，因此陪体就应该位于记者身体右侧上方的视觉重心点上。如果记者在画面的位置偏右，那么身体就会朝画面左边倾侧，陪体就应该出现在画面左侧上方的视觉重心点上。而如果记者位于画面中间，记者就需要正面面对镜头，记者的身体平面与背景就会形成平行的平面，主体与背景不容易分离，画面的层次不容易体现出来，在这种情况下就需要更为仔细和妥善地安排好主体与背景之间的关系。

如果对记者在画面上的位置、角度、朝向以及陪体的位置安排不当，记者出镜时的手势和运动就很难顺利完成。出镜画面的各种要素不仅不会相互配合，而且还会相互“打架”，有的元素就不容易被观众注意到，甚至还会分散观众的注意力。很多缺乏出镜经验的记者非常容易在这方面出问题，摄像师如果缺乏现场拍摄的经验，也常常在出镜画面要素的安排上出错。比如经常出现这样的情况：记者在画面上位置偏右，身体朝画面左边倾侧了一定的角度,陪体却出现在了画面右侧的角落里,记者用手势指向身后的陪体时就非常别扭,不知道身体该向哪边旋转,也不知道该用哪只手拿话筒。类似的问题经常在电视新闻节目中出现,说明很多记者和摄像师对出镜画面的要素与呈现方式还缺乏足够的认识。

我们说记者要有好的镜头感,其实主要是要熟练掌握出镜画面的各种要素及其之间相应的结构关系。记者应该准确地知道自己在画面上处于什么位置,与背后陪体之间的关系如何,应该用哪只手拿话筒,应该作出什么样的手势,身体应该朝哪方倾侧,等等。另外,服饰也是重要的非语言要素之一,记者的着装能体现出其对于新闻报道的态度和工作的状态,因此,记者在出镜之前就需要考虑自己的着装是否得体,能否与报道内容、采访对象和现场背景相适应。总体而言,记者出镜时的着装应该大方、庄重,能够体现出新闻内容的权威、可信,有些记者身穿圆领的休闲短袖衫就在现场出镜是很不合适的。

为了更具体地了解记者在出镜画面中的要素与呈现方式,我们来看一个例子:水均益在伊拉克战争中的出镜报道。2003 年伊拉克战争爆发后,中央电视台立即开始了多个频道的联合直播,水均益赶赴战火中的巴格达,与演播室进行了多次连线直播报道。下面就是他在巴格达出镜的一个段落,这段报道获得了当年中国广播电视新闻奖现场直播类的一等奖。

表 5—2

画　面	声　音
双视窗:“演播室”和“现场”	【白岩松】水均益你好。 【水均益】白岩松你好。 【白岩松】我们看到图像了,一天的时间过后,在昨天你报道的时候,巴格达的天气非常糟糕,今天似乎显得好一点,能不能先针对天气的情况和变化给观众朋友作一下介绍?

续表

画　面	声　音
水均益的现场报道 摇到清真寺和远方的天空	【水均益】的确是这样，今天开始，伊拉克乌云全都散去，而且沙尘暴都已经基本上消退了。我们正在说话的时候，我已经听到了远处，大概有二三十公里传来的很闷的爆炸声音。今天我们所站的位置，还是新闻中心三楼平台的这个位置，但是略微有所不同的是，我们今天取了一个伊拉克烧原油的冒起浓浓黑烟这个镜头。其实稍微往左偏一点，我们可以看到，原先在这儿报道的这个清真寺，以及远处的天空。那么你刚才说到伊拉克天气，的确是今天天气转好，但是唯一的不好的，在我们眼里可以看到的，就是在这个后面，在我身后这个浓浓的黑烟，这个黑烟可以说是包围着整个巴格达市，东南西北四周全都有这个非常浓烈的黑烟。那么另外还有一点就是，从今天下午，大概当地时间三点钟开始，伊拉克就开始响起了防空警报，而且在巴格达的周围，都能够听到比较闷的这种爆炸的声音，这基本上是导弹的声音。就在刚才直播开始之前，我们从天空上听到了非常明显的战斗机飞过的声音。的确可以说，这个地方已经变成了一个战场。
双视窗："演播室"和"现场"	【白岩松】水均益你是昨天下午，北京时间两点钟左右到的巴格达。到现在已经接近 31 个小时。这 31 个小时里头，你感受到的从空袭警报到这种爆炸声，以及人们躲避的方式是什么样的？给观众介绍一下。
水均益的现场报道 摇到"7·26 大桥"，路上行驶的车 摇回到现场报道的水均益	【水均益】总的来讲，巴格达市在白天，基本上老百姓的生活还可以正常地进行，我们现在也不妨借这个镜头看看，在我身后，这就是 7 月 26 的一个大桥。然后在这条街上，我们可以看到穿梭的车辆，有些车现在还是很脏，大家可以看到，这是由于昨天和前天这两天的这个沙尘暴造成的影响。另外呢，对于巴格达市的老百姓来讲，最难过的时间是夜晚，因为每到夜晚开始，在过去的这一周时间里，可以说几乎每天晚上都有爆炸，都有空袭，或近或远。对于绝大多数老百姓，他们有条件的，可能躲到防空洞。如果没有条件的话呢，那么可能就只有在家里待着了。我们有一个雇员回来，昨天到了以后，我们见到他，我就问他这些

续表

画　面	声　音
水均益的现场报道	情况，那我说晚上要轰炸你怎么办，他说没有办法，我只好在家里等着。我说那是什么样一种感觉？你能够睡觉吗？他说逐渐逐渐也就习惯了。他说刚开始感觉就是天摇地晃，整个屋子都在颤抖，有的炸弹落下来以后，逐渐逐渐也就习惯了，也无可奈何。总的来讲，我们感觉，在伊拉克，老百姓，特别是生活在这个城市的巴格达的市民来讲，绝大多数的人处在一种无奈的这种状态，他们的生命并没有保障。像我们这些新闻记者可能还多少有保障，就是我们会到一些饭店，这些饭店恐怕对于美英来讲，都是很明显的标志，那么恐怕也不会轻易地去轰炸，当然不排除可能万一，比如说误炸，或者说打偏了，也有这种可能性。除了这些外国记者以外，大多数老百姓，他们所在的地方，他们住的地方，他们工作生活的地方，恐怕是没有任何安全保障可言的。
双视窗："演播室"和"现场"	【白岩松】水均益，今天你已经在巴格达接近31个小时了，有没有时间或者说有没有条件观察到，现在老百姓，如果要买东西，是否还能够买到？因为可能涉及下一阶段假如有巷战可能的话，这种水、粮食，这种供给怎么样？现在，市场还存在吗？
水均益的现场报道	【水均益】好的，我们今天上午呢在工作之余正好路过了一些地方，我们看到绝大多数的商店基本上在白天都是关门的，当然晚上更是不开的。那么在一些比如说卖生活用品的，比如说卖水、卖粮食、卖大饼——阿拉伯大饼的商店门前，偶尔开着几家商店，但是门前也都是很多很多的人。而且还有一点需要指出的就是，战争开始以来，据我们了解，巴格达的物价是飞涨，不是说几倍，而是几十倍，甚至上百倍。原来可能要买一瓶矿泉水，可能也就需要，在当地的钱来讲，也就是一千多伊拉克第纳尔，也就是半个美元。但是现在要买一瓶水，有可能要好几个美元，也就说现在这种物价涨得非常之高。同时我们今天也知道，伊拉

续表

画　　面	声　　音
	克政府在战争开始之后，也一直在想办法，给一些城市里的居民发放必要的战备粮食和水。伊拉克官方也宣称，今天伊拉克卫生部长穆巴拉克也宣称，现在他们正在想尽一切办法，为老百姓提供，无论是粮食、水，还是必要的这种医疗卫生的条件。但是他也同时强调说，现在的情况，对伊拉克来讲，非常非常的困难，局势非常非常的危急。在很多地方有一些人，受了一点轻伤，但是由于没有这种消炎的药品，这个伤口就开始溃烂，乃至最后死亡。在一些偏远的地区，或者是条件比较差的地区，现在每天都有很多这样的这个病例和这样的死亡的现象发生。另外的一个情况就是，我们刚刚在一个小时之前，当我们在新闻中心工作的时候，我们听到防空警报，同时就在我们视野范围内，当然还有一定的距离，大概有那么 10 公里到 20 公里，大概有十几声非常响的剧烈的爆炸声。我们的摄像，也是我们中央电视台记者冀惠彦，当时正好在一个比较好的位置，他正好在那儿拍一些空镜头，这样的爆炸声音和这样的爆炸的浓烟起来的景象被他非常及时地拍到了，我不知道我们编辑部是不是已经收到这个画面，如果方便的话，可以放一放这个画面，或者说等我们待会儿直播完了再给观众朋友放一下这个画面。
双视窗："演播室"和"现场"	【白岩松】水均益，最后两个小问题组合着问你，因为剩下的问题我们在下一段连线的时候再向观众朋友介绍。第一个在你身后的原油燃起的浓烟，现在在 360 度的概念内，是否还存在？第二个就是 31 个小时里，你见到的笑脸多吗？
水均益的现场报道	【水均益】非常好的问题，第一个问题，的确是这样，360 度，我们刚才也拍到了这样的镜头。360 度，围绕着巴格达市，几乎在我们视野里可以看到，基本上每隔那么大概几公里一个，几公里一个。有的是很浓的那种浓烟。像我身后的这两处浓烟，有的地方稍微远一点，看得稍微淡一点，基本上包围着整个巴格达市，全是这种浓烟。第二个问题呢，

续表

画　　面	声　　音
	就是对于我们现在来讲呢，既然到了伊拉克，当然有一些朋友，有一些熟人，见了面都还是笑脸，笑脸之余，大家所说的一句话，就是当心点、多保重，绝大多数的人都是这样一种状态。虽然说对于在这的记者来讲，绝大多数记者都是非常勤奋、非常努力地工作，也保持着高度的警惕。但是在平时聊天的时候，几乎没有时间跟你聊天，或者去说点其他的，多数情况下全在讨论这个时局，讨论安全的情况，住在那儿安不安全等等这样的问题。大街上看到的伊拉克老百姓更多的是在脸上写着“紧张”两个字。

图 5—2

在这段直播报道中，水均益出镜的画面尽管随着报道内容的展开发生过一些变化，但其中最稳定、最基本的是图 5—2 的这个画面，它也成为水均益这段出镜报道的基准画面。我们来看看这个画面的基本要素与呈现方式。

首先从景别上来看，水均益出镜的这个画面既不是中景也不是近景，而是处于中景与近景之间，电视新闻业界常常把这种景别称为“中近景”。按道理来说，远、全、中、近、特这五级景别已经能够很好地满足电视视觉呈现的需要，并不需要任何两级景别之间的其他的级别，但在电视屏幕上却时常看到这样两种构图方式：一种介乎全景与中景之间；一种处于中景与近景之间。前者被称为“美式中景”，后者就是水均益出镜所用的“中近景”，这又是什么原因呢？

原因其实很简单，出现这两种构图方式是因为原始画面与播出的画面之间有差异。摄像师拍摄的原始画面要经过编辑处理才会呈现在电视屏幕上，后方的编辑会给画面加上多级字幕，画面下方的一部分区域会被字幕遮挡而不为观众注意，成为无效的画面内容。如果摄影师拍摄画面时对景别抠得特别严，在字幕遮挡掉一部分画面之后，原始画面上所呈现的元素就会受到影响。因此，有经验的摄像师在拍摄时会根据播出的需要，给后方的编辑处理留出空间，我们把这种经验和观念称作拍摄者的“编辑意识”。

这种编辑意识反映在具体拍摄过程中，对画面景别的处理方式就是“上紧下松”：画面上方要抠得“紧”一点，因为画面上方一般是不会出现字幕的，因此人的头顶与边界之间的距离需要严格控制，不然画面上方就会很“空”，整个画面看上去就会“下沉”，这也是初学者往往会犯的毛病。画面下方则要留得“松”一点，要有意识地留出多余的部分。中景画面的内容本来是人的腰部以上，现在就变成了膝盖以上；近景画面的内容本来是胸部以上，现在就变成了腹部以上。在被字幕遮挡掉多余的这部分内容之后，画面就会成为真正的中景或近景，这才是播出画面所需要的有效景别。

因此，水均益在这段报道中出镜的有效景别实际上是近景。用近景来做出镜的基准画面，就会产生一些问题。比如记者很多非常活跃的手势就被挡在画面边框之外，无法进入镜头成为有效的传播元素。与中景画面相比，主体在近景画面中所占的比例更大，背景中的元素所占比例更小，因此画面中的现场元素就更少，记者出镜的现场感就更弱。通过对这段报道的分析，我们就能更为清楚地理解为什么要选择中景作为记者出镜的基准景别。

2. 面部的塑造

在记者出镜的所有视觉要素中，面部表情对于实际拍摄来说至为重要。从技术和技巧层面而言,以人为主体的画面一般都会将面部作为镜头的焦点和曝光的基准点。从叙述与呈现的角度来说,表情会显示出报道者对报道内容的基本态度,对于不同的报道内容,记者在出镜时的表情自然会有所不同。从传播效果的角度来说,记者的表情还会影响观众对于新闻内容的看法。对于同样的报道内容,观众会觉得某个记者的报道比其他人的更为可信、权威,很大程度上就是因为记者的表情、手势、语调等因素与报道内容更为契合,而在这些因素中,表情的影响最大。

美国心理学家艾伯特·梅瑞宾曾提出一个公式:

信息总效果=7%语言+38%语音+55%表情 ①

在这个公式中,表情对信息总效果的影响超过了语言和语音的总和,可见表情是影响传播效果的主导性因素,它对于沟通双方的相互理解有着决定性的作用。麦克卢汉也曾说过,“如果给看电视的儿童戴上麦克沃斯头镜,就可以显示儿童的眼睛追随的不是行动,而是反应。他们的眼睛难得离开演员的面部,甚至在打斗场面中都是这样。”②传播学的研究已经表明,人物的面部表情是吸引电视观众参与到节目中来的主要因素,而能否吸引观众的参与对电视的传播效果有着决定性的影响。

正是因为面部表情在电视传播中的重要性,人的脸部也就自然成为出镜画面视觉造型的重点。对于记者来说,尽管并不需要像演员那样去控制自己的表情,但在出镜的过程中,恰当、得体地运用表情来与报道内容配合却相当重要。合适的表情能够为记者的出镜报道增色,而良好地运用自己的表情、手势、语调等因素来获得观众对报道内容的认同也已成

---

① 转引自宋昭勋:《非言语传播学》,复旦大学出版社2008年版,第19页。

② 〔加〕马歇尔·麦克卢汉:《理解媒介——论人的延伸》,何道宽译,商务印书馆2000年版,第380页。

为一个好的出镜记者的基本素质。不过也有一些记者不太明白表情与报道内容的关系，无论报道什么内容，都习惯性地保持微笑，在镜头面前，这种比较呆板的表现就很难给观众留下好的印象。

记者要控制好自己出镜时的表情，摄像师也需要运用各种构图的元素来对面部进行塑造。在出镜画面的实际拍摄过程中，几乎所有的视觉造型元素都要首先考虑人的脸部的呈现，画面的焦点、光线的方向与层次、记者的角度与视线等等，都以人的面部作为基准点。出镜画面视觉造型的目标是为了让观众最终看到记者“站在面前说话”的效果，其基本元素与一般呈现方式如表 5—3 所示。

表 5—3

景别	焦点	光 线			角度	视线
中景	人脸	主光	辅光	轮廓光	正侧	平视

在表 5—3 中我们看到，人脸是镜头的焦点，光线的布置也以脸部为基准。在一般情况下会采用的三点布光中，主光用来照亮人的面部，由于主光一般不会从正面射向人的脸部，而是从前侧方来照明，因此会在脸部形成阴影，辅光就用来弥补主光在面部形成的暗区，使得面部的光比不至于过大。主光和辅光相配合，使人的面部处于明亮而又柔和的光线条件下，用摄影造型的术语来说就是使人的面部得到良好的塑造。轮廓光则主要是让人物与背景分离，以使得主体在整个画面中更为突出，也可以形成更好的画面层次。机位和角度的选择都是为了形成平视的效果。

在出镜画面的实际拍摄中，光线对于塑造面部的良好效果至关重要，因此，摄像师需要利用各种条件和设备来达到画面视觉造型的要求。在现场拍摄出镜画面时，需要根据当时的情况来设计光线在画面中的呈现方式，在这个过程中主要会用到一些照明、遮光、滤光以及反光的设备。下面简单谈谈现场拍摄过程中会遇到的几种用光的情形以及对相应设备的运用方式。

在白天光线充足的情况下，出镜画面的拍摄会尽可能地利用自然光。不过直射的阳光太强烈，不利于记者面部的塑造，因此在有条件的情况下，摄影师会使用一些遮光、滤光的设备来减弱或是柔化光线。常用的设备包括反光板、白旗与黑旗。反光板一般会有两面：一面是银面，可以使光线发生镜面反射，反光的效果较强，一般在自然光较弱的情况下使用；一面是白面，可以使光线发生漫反射，反光的效果较弱，一般在自然光较强的情况下使用。国内电视新闻的现场制作中对反光板的运用较为普遍，这里不再赘述。白旗、黑旗在国际主流媒体的现场制作中使用很广泛，国内则在宣传片、MV 的拍摄中使用较多，在新闻制作中运用较少，这里略作介绍。图 5—3 即在新闻现场制作中使用白旗和黑旗来营造光线的情景。

图 5—3

在图 5—3 所示的现场制作情景中，上方的白旗遮挡住强烈的直射光，使记者面部的光线得以柔化。侧后方的黑旗遮挡住多余的光线，使得记者所处的光照条件更为纯粹，不受杂乱光线的干扰，因而在画面上能够有更好的呈现效果。

在自然光条件下出镜，摄像师处理光线的一般方式是顺光拍摄。这种方式最为简单，记者的面部直接被光线照亮，不需要其他的设备来辅助，在现场制作时间非常紧张的情况下，可以有效地争取时间。但顺光拍摄最大的问题在于画面容易失去层次，也就是摄影师常说的画面比较“平”。有时候光线比较强烈，记者面部与背景之间的光比太大，摄像师就更难处理。因此即使是在白天，在拍摄条件允许的情况下，有时也会使用灯光来照明，如图5—4所示。这种对光线的处理方式是选择逆光或侧逆光拍摄，使自然光线成为主体的轮廓光，将主体与背景分离开来，记者面部的主光则用灯光来照明，面部的光线更为柔和，整个画面的光比与光线分布也更为恰当。与顺光相比，这种用光的方式能够形成更清晰的画面层次，记者出镜的画面质量也更好。

图5—4

有的时候现场的光线条件比较复杂，为了使出镜画面达到良好的效果，就需要照明、遮光、滤光与反光等多种设备一起配合使用。比如图5—5就是在白天出镜时，同时使用了灯光和白旗。灯光是照亮记者面部的主光；白旗则将强烈的阳光过滤、柔化，成为弥补主光阴影区域的辅助光线；直接照射在记者肩部的阳光则形成轮廓光，将主体与背景分离开来，画面的各种要素就能在清晰的层次中呈现出来。

图5—5

而在夜间进行现场制作时，主要使用灯光来照明。目前国际主流媒体在现场制作中使用的光源一般都是冷光源或点光源，光线不会像传统的新闻灯或红头灯那样强烈，记者面部的光线较为柔和、均匀，因此不需要用其他设备来柔化光线，也

图 5—6

不需要用反光板来辅助照明。在夜间出镜时，现场的布光一般使用两点布光（如图 5—6），用一盏灯作主光将面部照亮，用另一盏灯作轮廓光将主体与背景分离开来，画面的亮度与层次就能够满足出镜拍摄的需要。

3. 背景的选取

电视新闻直播通过现场记者与演播室的连线，形成了“异地同时的信息共享”。在这种传播效果中，“异地”就是记者报道时所置身的现场环境。在记者出镜的画面上，它是通过记者身后的背景体现出来的。记者的出镜报道是否具有现场感，很大程度上取决于背景的选取以及记者报道时与身后背景的连接。从本质上看，背景体现的是一种空间关系，而电视作为空间型媒体，要发挥其传播优势，必然对空间关系的呈现极为重视，如托马斯·怀特赛德所说，“每当图像在时空上的确是一种真实情况时，电视就会极其强调图像与地点之间的联系”。[①] 由于关系到现场感的传递、出镜的整体效果乃至媒体优势的发挥，背景的选取就成了摄制组在现场最重要的工作之一。

从现场制作的流程上看，尽管记者是画面的主体，但在实际拍摄过程中，却是背景的选取在先，主体的确定在后，也就是常说的“先选背景，再定主体”。这样做的道理很简单：记者作为出镜画面的主体，并不像一般画面的主体那样，完全被动地由摄像师进行拍摄呈现。镜头前的记者能

① 〔美〕托马斯·怀特赛德：《现场直播电视新闻报道》，载《纽约人》，1985 年 12 月 2 日，第 81—113 页。

够主动与摄像师配合，并可以按照摄像师的要求进行即时调整。因此，对背景的选择反而会在主体的要素确定之前，成为出镜画面拍摄的第一个步骤。

在现场拍摄时，摄像师首先需要对现场环境进行全方位的察看，在报道内容确定之后，就要与记者一起来确定以现场的哪个区域作为背景能够最大程度地传递现场的信息与氛围。当然，尽管是先选背景、再定主体，但在选择背景的过程中，又需要综合考虑主体的位置、光线的方向、记者与背景之间的连接方式等等。在背景大致确定之后，摄像师一般会先让记者试镜，根据试镜的效果进行相应的调整之后，才能最终确定背景和记者在镜头上的呈现方式。

在认识了背景在记者出镜甚至整个新闻直播中的重要性，也了解了背景在出镜画面拍摄流程中所处的位置之后，接下来再来看背景究竟应该如何选取。其中涉及的主要问题包括，背景由哪些要素构成，在出镜画面上的具体呈现方式是怎样的，以及应该注意一些什么样的细节。

从视觉构成的角度来看，背景是位于主体身后的画面内容。在纵深层次上，画面可以分为前景、主体和背景三个区域。由于记者在现场的出镜报道对观众而言要形成“站在面前说话”的效果，因此在一般情况下，记者与镜头之前不会有景物出现，画面上也就不会有前景。而当记者出现在画面上，将身后的内容遮挡掉一部分之后，真正呈现在画面上的背景内容实际上是位于记者侧后方的一些区域。

在前面我们已经谈到，记者的出镜画面以中景为基准景别。在中景的视觉构成中，主体的要素占据了三个视觉重心点，背景在画面上一般只占据一个视觉重心点以及画面上不太重要的区域。因此，背景的呈现主要就围绕这一个视觉重心点来进行。在这个视觉重心点上出现的元素特征不一样，整个背景的特点也就明显不同。根据这个视觉重心点上的元素特征，出镜画面的背景选取一般有两种倾向：强调标识与注重氛围。如果在这个视觉重心点上有明显的标识物出现，那么这个背景就是标识背景。如果这个视觉重心点上并没有特别明确的标识物，而是通过这个点及周围区域的整体状态来传递现场的环境特征和气氛，那么这种背景就是氛围背景。需要强调的是，明显标识与现场氛围只是出镜画面在选择背景时的两种倾向，二者之间并不是非此即彼的关系，在实际拍摄时，既可突出一方也可以相互结合。

先来看标识背景，它指的是在背景中有一个具备明显标识功能的陪体出现。从摄影造型的角度来说，陪体是相对于主体而言的。与主体相比，陪体在画面上的重要性居于次席，它的出现主要是为了形成与主体的对应，从而达到突出主体的目的。标识背景中陪体所具备的明显标识功能，指的是通过画面上的这个陪体，观众能够很容易地看出记者所在的现场环境特征，并意识到这个陪体与报道内容的关联。在一般情况下，这个陪体也会成为记者报道内容的重点。

标识背景的好处在于能够使画面构成简洁、层次分明、重点突出，而且能使报道内容与现场情境有直接的连接点。因此，这种背景成为记者出镜时的首选，只要现场中有具备明显标识功能的物体，一般而言都会将它作为出镜画面的陪体来处理。不过，要让一个具有明显标识功能的物体作为陪体在画面中出现，在现场拍摄时就要考虑很多的因素，比如摄像机的位置、陪体在画面中的大小、报道点与现场的距离关系、主体与陪体的光线条件，等等。由于具有一定的拍摄难度，这种背景的选取就对摄制组提出了更高的要求。

以“9·11”事件的报道为例。事件现场最具明显标识功能的陪体就是刚刚被飞机撞击的世贸大厦。但由于世贸大厦很高，如果在近处拍摄，很难让观众看到被撞击大楼的全貌，尽管离现场很近，却难以传递出强烈的现场感。因此，很多媒体的记者都选择在曼哈顿河对岸做出镜报道。由于离世贸大厦较远，被飞机撞击后冒着浓烟的大楼在背景里就变得很小，成为一个具有明显标识作用的陪体，观众一眼就能看出世贸双塔被撞之后的整体情形，并由此受到强烈的震撼。

在标识背景中，陪体和记者的各种出镜要素要密切配合才能发挥作用。如果在画面中对记者和陪体的出现方式安排不当，就会带来一系列的问题。我们也通过一个例子来说明这个问题。图 5—7 是《东方时空》对神舟六号飞船进行直播时一位记者出镜的基准画面，我们来看看其中对背景的处理方式。

图 5—7

这段出镜报道的主要内容是关于飞船地面测控的，背景中有一个标识性的碟形卫星天线，在之后的报道内容中也会提及这个“大锅”。从背景选取的意图来看，这显然是一个标识背景。从画面构成的角度来看，也是将这个天线作为陪体来处理的。在这个画面中，记者的朝向稍稍偏左，记者的右侧就形成了画面上的积极区域。按理说，陪体应该出现在画面的积极区域之内才会更有效地吸引观众的注意。与此相配合，记者应该左手拿话筒，这样在报道中提到身后的“大锅”时就可以用右手非常顺畅地指向自己右侧的陪体。但在上图所示的画面中，由于记者在画面上的位置居中，使得身后的背景很难有合适的出现位置。如果把“大锅”放在画面左侧，记者身后出现的消极区域就太多了，画面就会失衡。而当这个陪体在现在的位置上出现时，记者就只能用右手拿话筒，用左手去建立报道内容与背景的联系，这与她的身体朝向又是冲突的，在后面的报道中使用手势时就会很别扭。因此，在出镜画面拍摄之前，记者和摄像师需要综合考虑各种要素在画面上的组合关系，否则就会影响出镜的整体效果。

氛围背景是相对于标识背景而言的，这种背景的选取方式指的是在画面中并没有一个明显的标识物作为陪体，而只是以现场的环境和气氛作为背景的内容。这种背景选取方式的好处是能够反映出现场的整体气氛，在实际拍摄时不用考虑陪体在画面上的呈现，画面拍摄难度较小。比如在美国"9·11"事件五周年纪念日的报道当中，美国多家电视媒体在世贸大厦倒塌的现场进行了报道，很多记者出镜时都是以世贸双塔倒塌后形成的大坑为背景，有的记者甚至就站在大坑的底部出镜，画面上并没有一个明显的标识物，但通过记者所处的环境与氛围，也能传递出强烈的现场感。

当摄制组在现场选取背景时，无论是标识背景还是氛围背景，其最终目的都是为了让观众感受到现场的信息和环境氛围。因此，在现场出镜时，记者和摄影师会利用现场的各种条件，尽力使背景呈现出强烈的现场感。图5—8是一个新闻发布会的现场，记者在做出镜报道时，为了使背景具有更强烈的现场感，记者和摄像师站在椅子上进行出镜报道，这样就能避开众多记者和摄像机的遮挡，让正在发布信息的发言人出现在背景上。

图5—8

这个出镜的情景中有一个很小的细节值得我们注意。由于摄像师站在了椅子上，拍摄就只能用肩扛摄像机的方式来完成，而无法将摄像机固定在三脚架上，这是一种较为特殊的情形。一般情况下，只要条件允许，摄像师会尽量地利用三脚架来固定摄像机，而不会用肩扛的方式来拍摄。因为记者的出镜是对两个人面对面说话的模拟，因此，要求画面尽可能的稳定。有些摄像师非常相信自己肩扛的稳定性，或者是嫌太麻烦，因此不太喜欢使用三脚架，但是再稳定的肩扛也会带来画面的摇晃，而不稳定的画面会传递一些其他的信息，比如说现场不安全、拍摄很匆忙等等，出镜的效果就会受到影响。

在谈到背景的构成时，有一些著作也谈到了环境音响。比如马尔丹就曾说："由于背景有了音响，画面就恢复了它真正的现实主义价值。"①按理说，音响属于声音的范畴，而背景属于画面的范畴，将环境音响归于背景并不太合适。环境音响是电视传播中另一种重要的非语言符号类型，对于空间真实感的形成非常有用。由于音响对于环境呈现的特定作用，我们在这里也不深究其符号属性，而是强调摄像师在拍摄出镜画面时，需要非常郑重地对待环境音响。音响效果处理得好，对于传递现场感有着非常重要的作用。

比如在 2003 年中央电视台伊拉克战争直播节目中，水均益在现场做出镜报道时保留了环境声，对于表现伊拉克战场的现场感非常有用。2010 年 5 月上海世博会开幕时，笔者曾带队到现场进行报道。在记者出镜报道焰火表演时，由于拍摄位置就在黄浦江边，焰火就在头顶炸开，巨大的现场声甚至都能盖过记者报道的声音，但摄像师依然保留了这种非常有特点的现场音响，因为它能够传递出浓厚的现场氛围。

在现场制作的过程中，如果对背景在记者出镜中的作用认识不清，出镜画面往往就会出现问题。比如在记者出镜的时候，有些摄像师采用长

① 〔法〕马赛尔·马尔丹：《电影语言》，中国电影出版社 1980 年版，第 89 页。

焦镜头来拍摄，用小景深将背景虚化，这样看上去好像画面更简洁，主体更突出，但却不符合电视新闻传播的要求。记者既然在现场出镜，正是希望借助背景来向观众传递现场的信息，让观众感受到现场的氛围。背景一旦虚化，不仅使得出镜画面的信息量受损，甚至还有造假的嫌疑。笔者在实践中就碰到过这种“造假”的案例。一位记者到广州采访，没有按要求在现场完成出镜报道。回到北京后，为了补上这样的段落，想了一个自认为很“聪明”的办法：他找了一个有花有树的“万能”背景，用虚化背景的方式做了一次“来自广州的现场报道”，结果只能是“聪明反被聪明误”，受到了所在部门的严厉处罚。

上面所谈到的背景选择方式，主要适用于记者在镜头前站定的情况。记者站定、镜头固定、背景不变，这是最简单也是最常用的出镜方式。记者一旦在镜头前运动起来，不仅画面主体本身的要素会发生变化，身后的背景以及主体与背景之间的关系、背景的不同要素之间的关系也会发生变化。关于这方面的内容，需要综合考虑记者出镜的方式才能讨论清楚，我们将在谈到现场调度的内容时进行分析。

三、组合与调度

1. 要素的组合

在对出镜的要素有了较为清晰的了解之后，我们就可以来讨论出镜的方式了。所谓方式，其实就是元素之间的不同组合。组合关系不同，方式也就各异。记者出镜的方式主要由主体与背景之间的组合关系决定。主体和背景各有两种主要状态，两两组合，就会出现四大类的出镜方式，如图5—9所示。这里所说的主体静止或运动是指记者的位置在出镜过程中是否发生了变化。需要说明的是，记者在实际环境中的位置变化与其在画面上呈现的位置变化是有区别的。记者在画面上的位置由摄像机、主体、背景三者的关系决定。在拍摄记者出镜的画面时，尽管摄像机一般都固定在三脚架上，位置不会轻易移动，但镜头可以根据报道内容的需要发生推、拉、摇等运动，这些镜头的运动同样可以带来主体在画面上位置的改变。我们在这里先来分析主体与背景这两个因素的组合关系，之后我们再与镜头的变化结合起来进行探讨。

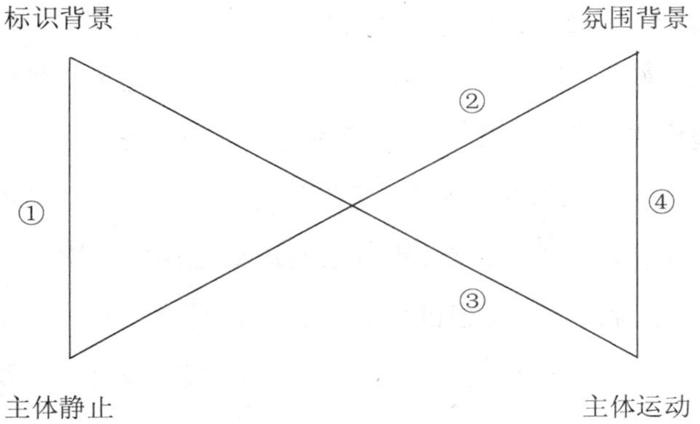

图 5—9

在图 5—9 中我们能够看到，主体与背景之间的四对组合关系形成了四种出镜方式：

① 标识背景＋主体静止

② 氛围背景＋主体静止

③ 标识背景＋主体运动

④ 氛围背景＋主体运动

第一、二种方式中，记者在镜头前的位置不发生变化，二者的区别只在于背景选择倾向的不同。我们之前在讨论背景的选择时已经谈到，在背景中有明显标识物作为陪体时，画面层次较为清晰，记者在报道时可以很方便地用手势将报道内容与背景中的陪体直接关联起来，因此，第一种方式也成为多数记者在现场出镜时最常选用的方式。而在没有明显的标识物作为陪体时，背景就是以现场环境和氛围为主要内容。这种出镜方式背景选择的难度小，镜头的拍摄简单、易操作，尽管背景不一定能与记者的报道内容形成直接的关联，但也可以反映出一定的现场信息，在背景选择恰当的时候也能够传递出强烈的现场感。因此，在现场拍摄时间较为紧张的情况下，往往会选用这样的出镜方式。

第三、四种方式中，记者在镜头前运动起来。无论是背景中是否有明显的标识物作为陪体，记者在镜头前的运动都有展示环境的基本功能。在背景中有明显标识物的情况下，记者在镜头前的运动一般是为了表现这一标识物与环境的关系，或者用自己的运动将这一标识物与另一标识物联系起来，记者的报道内容也会交代二者之间的关系。在以现场氛围为背景内容的情况下，记者的运动就没有特别强的指向性，主要的目的就是为了让观众了解到更多现场的环境气氛和整体状况。

需要强调的是，记者在镜头前的运动会让观众注意到周围环境的变化，因此，记者在出镜之前需要认真考虑镜前运动的必要性。出现在镜头上的运动必须是有目的、有意义的，是根据报道内容需要而发生的，而不是随意出现的。有一些记者不太了解这一点，他们认为在镜头上的走动会让出镜更加"好看"，在现场报道时喜欢在镜头前随意走动，这种不必要的运动反而会分散观众的注意力，影响记者的出镜效果。

一旦记者在镜头前运动起来，主体的运动会带来背景的连续变化，镜头也会相应地发生推、拉、摇等运动，画面上就会出现场景的转换，这时摄像师就需要对镜头进行很好的调度，才能保证画面中的要素都能处于合适的位置并正常地发挥作用。在这种情况下，出镜的各种要素和各个环节都处于动态当中，要控制这些要素和环节就相对复杂，对此，我们将在后面加以专门的讨论。

2. 切换与衔接

除了主体与背景的组合关系之外，记者的出镜还与很多其他的因素直接相关，比如镜头的运动以及前后画面的切换。记者在现场的出镜报道是电视新闻直播的一个环节，它是在与主播的连线过程中出现的，因此，出镜需要在视觉、听觉等各个层面与演播室顺畅连接，才能形成主播与记者之间流畅的人际交流效果。

从现场报道的整个流程来看，记者出镜各个环节之间的切换与衔接方式大致是这样的：报道开始时，可直接切换为记者出镜的画面，也可让镜头由现场情景运动至主体后静止；报道过程中，画面一般直接在记者和现场情景之间切换，如果要用运动镜头进行连接和转换，就需要画面跟报道词之间形成良好的对应；报道结束时，可直接切换至演播室，也可用运动镜头转向现场情景，如果采用后一种方式，镜头一般会采用与报道开始时对应或反向的运动方式。

在电视新闻直播中，演播室与现场记者之间的衔接方式一般是直接切换，这种方式直观而快捷，画面与声音之间对位准确，各个环节的操作也相对简单，因此，它是最为常用的方式。使用运动镜头来进行衔接的方式其实也是以切换为基础的。电视新闻以信息传递为基本诉求，画面、声音之间的衔接都要求稳定、准确，因此，即使是在衔接过程中使用运动镜头，也是在经过稳定的起幅或落幅画面切换之后，才会出现镜头的运动，一般情况下不可能直接切换为运动镜头。

在使用运动镜头进行衔接的时候，一定要提前考虑到不同的运动方式有不同的功能。恰当地使用镜头的运动来进行衔接，能够为记者的出镜和整个直播报道增色。下面我们简单看看几种常用的运动镜头在衔接时的具体方式和所发挥的作用。

先来看推镜头。这种运动镜头有两种基本方式，一是镜头从现场情景推向远处的主体，一是从主体推向远处的现场情景。前一种方式主要在报道开始时使用，后一种方式则一般在报道过程中或报道结束时使用。这两种方式在出镜画面的拍摄中都经常使用。

在"9·11"事件一周年时，美国ABC（美国广播公司）的名牌栏目《20/20》主持人戴安·索娅在世贸遗址做的现场报道就是前一种方式的典型例子。在从演播室切换为现场、戴安·索娅的声音出现的时候，画面上首先出现的是世贸遗址的"大坑"（如图5—10），摄像机设在旁边的高楼上，然后镜头急推向"大坑"底部，戴安·索娅出现在镜头上（如图5—11），向观众进行详细报道。在用推镜头完成的出镜报道中，画面和声音在一开始的"不对位"产生了悬念，镜头急推上去以后出现的索娅让观众有点意想不到，同时又对报道内容中所谈到的大楼倒塌后形成的"大坑"的深度有了非常直观的印象。

图5—10

图5—11

台湾东森电视台记者杨钊在报道神舟六号飞船时的出镜是运用推镜头的第二种方式来进行出镜报道的例子。在这次报道中，当记者谈到杨利伟时，镜头开始运动，推向记者手上的画册，记者在这时打开画册，镜头再推到画面上杨利伟的头像。这个推镜头就形成了画面与报道内容的对位和配合。

拉镜头的运动方式则与推镜头相反。这种运动镜头也有两种基本表现功能，一是从远处的背景拉开让主体入画，一是离开被摄主体。前一种方式一般在报道开始时使用，后一种方式一般在报道结束时使用。相对而言，前一种方式运动更多，后一种方式只会在较为特殊的情景下使用，因为报道结束时一般都会直接切换到演播室。

BBC在报道“9・11”事件时就采用了前一种方式。在从演播室切换到现场情景时，记者的声音先入，画面上首先出现的是冒着浓烟的世贸大厦，然后镜头拉开，记者入画，冒烟的世贸大厦成为画面上的陪体。这种出镜方式既能让现场情景在第一时间对观众产生强烈的视觉冲击，镜头的运动又能在画面上产生悬念，记者的出镜方式非常生动，对观众的吸引力也非常强。

再来看看摇镜头的基本功能。摇镜头既有展示环境的功能，也有交代关系的功能。记者出镜时的摇镜头一般会出现三种情况：记者出现于起幅、记者出现于落幅、镜头跟随记者摇动。有时，摇镜头还会与镜头的推拉结合起来，形成推摇或拉摇的组合运动。

第一种情况，记者出现在摇镜头的起幅中。当画面从演播室切换到现场后，记者出现在画面上。在记者报道完一些内容之后，镜头开始运动，由记者摇至现场情景，出现在镜头中的内容应该是与记者的报道内容相配合的。

第二种情况，记者出现在摇镜头的落幅中。当画面从演播室切换到现场时，首先出现的是现场的情景。这时的声音既可能是演播室主播的声音后延，也可以是记者在现场报道的声音先入。这一现场画面成为摇镜头的起幅，之后镜头摇到记者身上静止，记者在摇镜头的落幅中出镜。通过这个摇镜头所展示的现场情景，演播室与现场记者之间完成了衔接。

第三种情况，镜头跟随记者摇动。这种方式指的是记者在画面上出现之后，在镜头前进行了横向的走动，镜头随着记者的运动而摇动，记者始终保持在画面上的主体位置。记者走动一段距离之后停止，镜头也随之停止运动，记者在摇镜头的落幅中结束自己的报道。在镜头跟随记者摇动的过程中，记者身后的背景不断变化，而这些变化一般而言会成为记者的报道内容。

上述三种运动镜头都是在摄像机的位置没有发生改变的情况下实现的。因摄像机的位置变化而产生的镜头运动称为"移"。一般情况下，我们在现场报道中不用移的运动方式，原因就在于电视新闻直播中的连线报道模拟的是两个人面对面说话的情形，在这种情形中，两个说话的人都是站定的，注意力才会集中到所说的内容上面。而移镜头往往会带来画框的抖动，分散观众的注意力。当然，如果条件适合，这种方式也可以使用。比如 BBC 在阿富汗战争期间，跟随民众进入喀布尔市时，采用的就是移的方式。由于进入塔利班撤离后的喀布尔这一过程正是记者的报道内容，因此，记者出镜时采用移镜头就是合适的。

另外，在现场拍摄时，由于摄制设备相对简单，摄像机的移动一般只能通过摄像师肩扛来实现，摄像师的走动会带来镜头边框的摇晃，画面就会让人产生紧张和不安全的感觉。如果要拍出稳定、流畅的移镜头，一般需要使用轨道或摇臂等辅助设备。尽管目前在现场报道中对这些设备的使用还不多见，但随着报道方式的变化和技术的发展，现场制作已经出现了一些新的迹象。比如 CNN《安德森·库珀 360°》节目的主持人就经常把演播室搬到现场，镜头跟随主持人移动时使用摇臂来拍摄，移镜头的出镜画面因而能够非常平稳。随着数字技术的升级，电视制作设备正在向小型化方向发展，这将使得现场制作有可能运用一些以往不常用的设备来提升画面的质量、改善报道的方式。一句话，新的技术正在把以前的种种不可能变为可能。

3. 现场的调度

我们在前面谈到了主体与背景的组合方式，以及记者出镜与演播室的切换与衔接，尽管其中也涉及主体与镜头的运动，但并没有详细分析因主体和镜头的运动带来的场景转换，接下来我们对这一问题进行专门的讨论。

相对于其他大众传媒而言，电视以活动画面取胜。记者在镜头前的运动以及镜头发生的相应运动能够使得出镜报道在视觉层面的转换更为流畅自然，在展示环境、交代关系以及场景转换等方面，能够呈现出更好的视觉效果。由于这种出镜的方式往往通过一个长镜头的方式来完成，观众能够更加全面地看到现场的整体情形，因此，这种方式能够传递出更强的现场感。

不过，当记者在画面上运动，或者记者与镜头一起运动的时候，这种出镜方式就较为复杂。它一方面需要记者有良好的镜头感，记者需要准确地知道自己在画面上的位置，自己的运动方向与运动轨迹应该是怎样的，应该使用什么手势，如何与处于变化过程中的背景来进行连接，等等。另一方面，这种出镜方式需要摄像师能够很好地控制出现在镜头前的各种要素，让这些处于运动状态的要素相互配合、彼此协调。

正是因为这种出镜方式需要较强的现场调度能力，在电视新闻直播报道中对这种方式的使用要非常谨慎。尤其是在一些突发事件的现场，在报道和制作时间非常紧张、技术条件也并不十分完备的情况下（一般来讲是单机），采用这种较为复杂的方式来出镜是很难的，如果勉强操作，效果往往适得其反。

电视新闻以传递信息为主，形式上以简洁为好。记者出镜的主要目的是让观众了解与报道词相关的现场信息。镜头一旦运动起来，背景就会发生变化，就会分散观众的注意力。而由于这种动态的出镜方式较难掌握，在实际拍摄中经常出现记者、背景、摄影机三者配合不当的情况，传播效果就会直接受到影响。因此在现场报道中，主体要尽量减少运动，如果要采用运动的方式出镜，一定要在可控范围之内运动，并有相应的技术条件支持，否则就不要勉强。

从切换与衔接的角度来说，由于场面调度中出现的画面转换是在一个镜头中完成的，画面转换速度会受到影响，不如直接切换的蒙太奇来得那么迅速直接，对于信息的呈现来讲只会放慢节奏，会降低单位时间内传递的信息量。

更重要的在于，在动态过程中出镜，对记者的能力提出了巨大的挑战。记者要在运动过程中与镜头默契配合是非常困难的，因为记者此时要处理的元素非常多：位置的变化、朝向的变化、景别的变化（身体语言的变化）、主体与陪体关系的变化，等等，而这一切还要与报道词相配合，要有利于叙述的推进。因此，记者要掌握这种方式是有一定难度的，尤其是对于初学者而言，使用这种方式就要更为谨慎。

当然，挑战往往意味着机遇，难度也常常预示着品质。如果能够游刃有余地完成这种难度较高的出镜方式，不仅能在观众面前呈现出一气呵成的报道过程与非常流畅的画面质量，同时也能显示出记者和摄像师良好的现场报道与制作能力，这样的出镜就非常容易在与同行的竞争中脱颖而出。很多经验丰富的记者和摄像师往往就是通过这样的出镜方式来显现自己出众的报道能力和高超的制作水平。

来看一个具体的例子：美国 CBS（哥伦比亚广播公司）一档深度报道

栏目《48小时》中播出的节目《谁是我的妈咪》。尽管这个节目并不是电视新闻直播报道，但由于主持人丹·拉瑟在镜头前的上佳表现显示了运动状态下出镜的魅力，可以为我们学习出镜报道提供良好的借鉴，因此，我们接下来对其出镜方式进行较为详细的分析。

表5—4

画　　面	声　　音	备　注
丹·拉瑟出镜	我是丹·拉瑟，欢迎来到《48小时》。	
字幕：谁是我的妈咪？		
中景：丹·拉瑟在一个圆孔中出现	孩子生下来会没有合法的父母吗？这不是无理取闹的问题。当数百万对夫妇都渴望有孩子，而非凡的科学技术又能帮助他们，这件事是可能发生的。	
丹·拉瑟向前移动，镜头跟随持续运动，丹·拉瑟站定，中景	晚上好！据统计，至少有一百万美国妇女去年为了生孩子而求助产妇诊所。结果借助于高科技，25000个婴儿诞生了。	
丹·拉瑟移动，镜头跟随	然而，神奇的生育科技也搞出了新的问题，就是前所未有的道德和法律问题。其中最突出的是，家长应该怎么定？	
丹·拉瑟站定，镜头逐渐拉开，至全景结束	今晚报道的这场醒目的官司将会改变生育医学科技催生的大胆做法。比尔会告诉你一个无法确认身份的小姑娘的故事。	

表5—4的内容是这期节目开篇的内容。主持人丹·拉瑟出现在镜头前，向你讲述一个有着五个父母的孩子的故事。故事中的这个孩子最初是由一位男士捐赠的精子与一位女士捐赠的卵子形成胚胎，在一位代母体内孕育出生后，又由一对夫妇领养，但这对夫妇后来离婚，孩子的监护权给这五位“父母”带来了极大的“麻烦”。

图 5—12

当丹·拉瑟出现在镜头前时，与一般的出镜非常不一样，他在一个有前景的位置出镜（如图 5—12），这种选择在出镜时是很少见的。我们在前面曾谈到这一问题，由于要实现与观众的直接交流，因此出镜在画面的纵深层次上一般只有主体和背景而不设前景。当然，这并不妨碍出镜记者在一些特殊的情况下使用前景。如果对前景使用恰当，也能为出镜带来意想不到的效果。因此，我们在前面谈及的大多是一般情况下使用的规则，它是相对而言的，在一些特殊情况下是相“反”相成的。

在这里，丹·拉瑟出镜时对前景的使用就是为了加强悬念感，让观众产生“好奇”的心理，带着浓厚的兴趣往下收看。由于前景的遮挡，尽管丹·拉瑟的景别是中景，但观众实际上看到的只是脸部。丹·拉瑟在镜头上出现以后，他和镜头一起，开始平行移动。与他讲述的内容相配合，背景里逐渐能看到有一些小孩子，这是与报道主题密切相关的。

随着镜头和丹·拉瑟的同步移动，前景终于不再遮挡观众的视线，丹·拉瑟直接出现在镜头面前，隔在主体与摄像机之间的一个滑梯由前景变成背景。这时观众才看清丹·拉瑟出镜的位置是一个幼儿园，这是跟所讲述的事件密切关联的场所。到这里丹·拉瑟才正式跟观众打招呼：“大家晚上好。”（如图 5—13）因此，前面的一段都是引子，用主体与摄像机之间的滑梯构成前景，也形成了悬念。

需要注意的是，丹·拉瑟运动到直接出现在镜头上跟观众打招呼时，作为主体的他静止不动了，但是摄像机却还在运动，这种运动配合了丹·拉瑟的讲述，背景上的一些变化向观众进一步展示了主体所处的环境。而主体的静止则让观众将注意力集中到他所说的话上面。当摄像机的运动使得主体在画面上形成中景（如图 5－14）以后，主体又开始运动。中景是出镜时最稳定的景别，它也成为丹·拉瑟在这段叙述中的转折点。

图 5－13

图 5－14

经过中景的过渡以后，摄像机的运动也开始发生变化。丹·拉瑟越过他与摄像机之间在之前形成的轴线，向画面另一侧运动。这时他对事件的讲述也开始出现转换，摄像机与主体的关系也开始发生变化，由之前的“相遇”变成“相随”，也就是说，由之前的相对运动变成现在的跟随拍摄。实际上，摄像机模拟的就是观众的眼睛，摄像机的运动变化也会带来收视心理上的变化，由之前的主动“去了解”变成被动“去追随”。

当丹·拉瑟将故事的主题讲完以后，在叙述上转入对整个事件的背景进行交代时，镜头又从中景的景别拉开，摄像机开始远离主体，背景展开而且固定下来。拉镜头有离开主体、结束画面的表现功能，因此，镜头

图 5—15

结束、切换的时机也就到了。主体的运动这时也已结束，在镜头拉开形成全景(如图5—15)时，主持人在镜头前站定，他对内容的讲述也刚好完成。

作为一个深度报道节目的片头，这个镜头的处理非常精细，其中的内容都是经过精心设计的。另外，镜头的景别和机位的变化也非常好地控制了背景，实现了画面内容与主持人所讲内容的协调一致。当然，在这里，摄像机有非常复杂的运动，这样的运动方式用摇臂来完成。镜头语言、口头语言、体态语言等密切配合，共同把观众带入到主持人所讲的故事里边去。应该说，这是高难度的现场调度。对于电视制作人员而言，也许在符号组合层面所能达到的最高境界就是所有的元素都是有意义的。

这期节目结束时，丹·拉瑟出镜的镜头设计依然是很巧妙的。

表 5—5

画　面	声　音	备注
摇镜头 起幅为“STOP”路牌，落幅是丹·拉瑟站在画面中央，中景	【丹·拉瑟】根据一位研究者的计算结果，一个试管婴儿的出生，可能会有十个人声称是孩子合法的父母。当法院宣布杰奇是鲁安和约翰合法女儿，事实上是向制定法律的人们提出新的挑战，要求他们制定出明确的指导方针，来解决现代生育技术带来的复杂关系，以确保那些渴望孩子的人们生出的小孩儿，最后不致受到伤害。我是丹·拉瑟，今晚的48小时节目播放完了。	

图 5—16

图 5—17

图 5—18

这个镜头的起幅为一个“STOP”(停止)的交通标志(如图5—16),由这个标志摇到主持人丹·拉瑟身上来,很自然地引出了结束语(如图5—17)。之后的摄像机运动跟开篇类似,还是大幅度地围绕主体作运动,展示环境,同时也与叙述中所讲的大的社会背景和影响保持密切配合。当主体在画面上形成近景时,叙述内容正好是与这个故事相关的内容。镜头的落幅为丹·拉瑟的中景(如图5—18),也是他出镜的基准景别。可以看到,镜头与叙述内容的配合是非常默契的。

在这个镜头中,我们同样可以看到,制作者对进入镜头的所有元素都有充分细致的考虑,并进行了非常精心的布置和控制,使得各种元素都有意义,各种符号能够互相配合,从而形成非常自然、流畅的效果。

而在这两段镜头中,主持人丹·拉瑟显示了良好的镜头感,他与镜头之间的交流非常自然。作为电视记者,具备这种面对镜头说话的能力非常重要，因为这种能力是电视记者区别于其他媒体记者的显著标志。不过这种能力并非与生俱来，而是需要长时间的磨炼以及各方面的经验积累。

很多有经验的记者和主持人在刚刚面对镜头的时候也是手足无措的。敬一丹在谈到她的电视经历时曾说，电视刚出现的时候，她还在广播电台做播音员，为了支持电视的发展，她们这些年轻的播音员就成了第一批电视主播。在电视台播出的稿子内容往往是刚刚在电台播过的，但是面对黑洞洞的镜头，当把称呼语由“各位听众”转换成“各位观众”的时候，却怎么也找不着感觉。因此，要成为一个在镜头前老练沉着、控制力强的电视记者，需要在每一次出镜的过程中用心体会并不断积累。

最后，我们对涉及现场调度的动态出镜方式进行一些总结。在这里，重点不再是主体与背景的组合关系，而是主体与摄像机的配合方式。其中，需要重点把握的是以下几组元素之间的关系是否发生变化：

(1)物距变化，即主体与摄像机的位置关系是否变化。

这种变化和调度是动态出镜中最常见也是最主要的方式。主体的位移或者摄像机的位移都会带来这种变化。无论是主体位置的变化还是摄像机位置的变化，或者是二者的同时变化，都会带来背景的变化。主体与摄像机在动态过程中的位置关系可以出现三种情形：不变、走近、远离。如果主体与镜头的运动轨迹保持平行，那么二者之间的位置关系就保持不变。当然，如果二者的运动轨迹是相对的或背离的，就会呈现出主体走近或是远离镜头的效果。

(2)焦距变化，即主体在画面中的大小是否产生变化。

这种变化主要是看摄像机的镜头是否发生了推拉的运动。镜头推上，主体在画面中所占的比例就会变大；镜头拉开，主体在画面中就会变小。如果镜头的焦距不发生改变，那么主体在画面中的比例也就会保持不变。主体在画面中的大小变化会带来景别的变化，对主体身势语的呈现重点也就会因之发生变化。

（3）时间关系，即主体与摄像机在运动时间上的先后与长短变化。

主体和摄像机在发生运动时，可能会产生时间上的先后关系：可以是主体先运动，可以是摄像机先运动，也可以是二者同时开始运动。而二者的运动何时停止，与开始运动的时间之间结合起来，就会形成运动时间的长短。时间关系上的先后与长短对出镜方式同样有着重要的影响。

（4）角度变化，即主体与镜头之间的角度关系是否变化。

在主体与镜头运动的过程中，二者之间的角度可以因为平面角度的变化而产生正与侧的关系，也可以因为位置的高低而产生俯与仰的关系。平面角度的变化在日常报道中经常出现，垂直角度的变化则会在一些特殊的场合出现，比如楼梯等有坡度的地方。对垂直方向上位置关系的变化，记者和摄像师要非常小心，因为俯仰的角度是有感情色彩的。仰视能够产生崇敬的感觉，俯视能够产生轻视的感觉。新闻报道要求尽量客观公正，因此，除非是为了呈现某种客观存在的高度关系，这种因垂直角度关系引起的感情色彩要尽量避免。

上述四种关系就是记者在动态出镜过程当中主要涉及的元素变化。每一种元素的任何变化都会产生意义，影响最终的传播效果。而在实际制作过程中，这些关系的变化还会组合在一起，形成更为复杂的镜头运动方式。因此，在这种情况下就要对各种要素进行很好的调度，使它们能够正常地发挥作用。而要掌握这样复杂的出镜方式需要多年的练习和积累，有相当的经验以后，在镜头面前才能顺畅自如。

第六章

报道与解释

在上一章，我们对记者在电视新闻直播中出镜时的视觉构成进行了讨论。对于记者的出镜报道，人们最浅白直接的理解就是“站在镜头面前说话”。如前所述，由于电视画面中包含着大量的非语言符号，因此仅仅是从视觉的角度来讲，记者能够控制好这些要素，非常从容地“站在镜头面前”就已经不容易了。但在电视新闻直播中，记者出镜还不是目的，对新闻事件进行清晰准确的报道才是最重要的，因此，记者在镜头面前更重要的工作是“说话”。而要同时处理好视觉与听觉部分的各种要素，对电视记者而言就更是难上加难。

与画面控制相比，声音的处理也不简单。声音“看不见、摸不着”，更重要的是，它不仅包含了口语这种语言符号，同时还富含大量的非语言符号，包括语气、语调、语速、音量、音质、节奏在内的非语言要素能够传递出非常丰富的“潜信息”。而从具体操作的角度来看，一方面，记者在镜头前的口头报道需要专业能力和沟通技巧：既要简洁准确，符合新闻报道的基本要求；又要亲切自然，不能太书面化，以符合人际交流口语化的要求。另一方面，记者在直播的过程中还需要应付面对镜头的巨大心理压力，才能把语气语调等非语言要素控制好。另外，记者在直播报道的过程中往往还需要直接在镜头面前进行采访，而如何在仓促之间提出高质量的问题也让很多记者头疼。总之，要在镜头前完成让人满意的报道，电视记者就必须迎接来自各个方面的挑战。

正如我们在前面讨论视觉部分的构成要素与控制方式时必须要谈到

报道内容一样，要讨论听觉部分的要素，也必须在声音与画面、语言与非语言的相互关系中进行。而要想处理好上面所说的这些声音元素，首先就要对这些因素在电视新闻传播中的作用有所了解。我们先来看看语言在电视新闻报道中有哪些基本功能。

一、语言的功能

1. 提供意义

在讨论出镜的视觉构成时，我们强调了非语言符号在电视新闻传播中的重要性，这种重要性可以概括为：非语言符号构成了电视新闻传播中的视觉符号主体。不过，非语言的重要性并不意味着语言符号在电视新闻传播中就退居次要的位置。从符号功能的角度来看，非语言符号和语言符号在电视新闻的意义形成过程中扮演着不同的角色，对最终生成的意义与效果来说，它们都是不可或缺的。

对于语言与非语言在信息传递功能上的区别，传播学的研究表明，语言符号可以自由地传递多种多样的信息，非语言符号传播意义的范围则较为有限，比如传播主题越抽象，不用语言就越难表达。对此，研究身体语言的学者阿伦·皮斯说："大多数研究人员都一致认为，语言的渠道主要是用来传达信息，而非语言的渠道则是用来表达人与人之间的态度，在某些情况下，代替语言的信息。"①

电影从无声发展到有声的过程为我们认识语言与非语言的功能提供了一个良好的例证。"卓别林和其他许多无声的电影演员是非语言沟通技巧的先驱。他们本身是银幕上唯一的沟通工具。观众根据他们进行有

---

① 〔澳〕阿伦·皮斯：《身体语言》，贾宗谊、卢爱君译，新华出版社 2005 年版，第 2 页。

效沟通的姿势和其他身体信号来对他们作出好坏优劣的评价。当有声电影流行起来，表演的非语言方面不再那么被强调的时候，许多无声电影演员逐渐被人遗忘，而那些有着良好的语言表达技术的演员占了上风。”[①] 当声音（包括有声语言与音乐、音响等非语言）构成电影表达意义的必要成分时，电影符号的构成内容已经发生了改变。从此，画面与声音的组合、语言与非语言的联结取代了单纯的画面（主要是非语言），成为电影最主要的表现手段与呈现方式。

电影符号学者克里斯汀·麦茨非常仔细地研究了电影中语言符号的作用，他说：“大多数发展索绪尔符号学思想的努力都集中于各种‘微语言’上，如公路规则，船只的信号体系，扇语等等。然而，这类语言显然都是非常有局限性的，它们大多须依赖于天然语言本身才能存在。巴尔特研究了时装语言，结果得出了这样的结论：只有在极少数情况下非天然语言才能无须字词的辅助性支持而存在。稍微作些研究似乎就可证明这一点。甚至像音乐和绘画这类高度发展的和理智化了的系统往往也要依赖于字词，特别对那些通俗化的作品而言：如歌曲、卡通故事等。电影当然是另一个例子。”[②]

从符号构成及特征上说，电视显然继承了有声电影的特点，声音与画面的结合、语言与非语言的共生，形成了电视在符号构成上最基本的特点，而且电视在传播方式上比电影更为自由。与电影类似，电视中大量的非语言符号也需要语言的支持才能更为清晰地实现意义的表达。符号学者罗兰·巴尔特在对大众传播的分析中，就把语言定性为总是能向图像提供明确意义的符号类别。“图像文明的说法不太精确——我们的文字

① 〔澳〕阿伦·皮斯：《身体语言》，贾宗谊、卢爱君译，新华出版社2005年版，第2页。

② 〔法〕克里斯汀·麦茨等：《电影与方法：符号学文选》，李幼蒸译，生活·读书·新知三联书店2002年版，第24—25页。

文明依然如故并且甚于过去，文字和言语继续是完全意义上的信息结构。”①

对于电视新闻这种以传递信息为主要诉求的节目类型来说，语言符号在绝大多数时候承担了向非语言符号提供意义的功能。我们此前曾强调表情等非语言符号对于电视传播效果的重要性，这种重要性与这里所谈到的语言在电视新闻意义生成中的重要性并不冲突，因为这些非语言符号在电视传播中的具体含义是需要通过语言来明确和限定的。由于电视新闻在传播模式上是对人际传播的模拟，它一方面需要使用口语直接向观众提供信息，另一方面还需要使用口语向其他的非语言符号提供意义，因此，电视新闻对信息的传递和意义的表达就更依赖于口语。

在电视传播的具体过程中，由于观众并不能直接与屏幕上的主播或记者进行交流，因此，电视往往通过声音将观众吸引到屏幕前，才能最大程度地发挥声画组合的威力。对此，传播学者约翰·埃利斯和里克·奥尔特曼一致认为：“电视的声迹（Soundtrack）——言语、音乐、音响效果——通过把握观众什么时候将目光投在荧幕上而在图像中居于支配地位。声迹传达的意义充分并且明确肯定，以至于我们只听声迹就能了解电视上播放的内容。因为电视是一件我们在做别的事情（例如，做饭、进餐、聊天、照顾孩子、清洗东西）时习惯地将它打开的家用电器，所以我们与电视机之间的关系常常是我们这方面成为听众而非观众。”②

2. 声画关系

要讨论语言在电视传播中的功能，还需要谈及一个在电视研究中长

① 〔美〕罗伯特·C. 艾伦：《重组话语频道》，麦永雄、柏敬泽等译，中国社会科学出版社 2000 年版，第 18 页。

② 同上。

期争论不休却又悬而未决的问题:画面与声音究竟哪个更重要。不过,当我们了解了电视传播在视觉与听觉方面的符号构成,对这个问题就会有与以往不同的看法:这个问题其实并不存在。

电视尽管作为"远距离观看"①而发明,但它既可以看,同时也可以"听"——曾经有电视机厂商打出的广告语就是"可以听的电视"。电视的强大在于它同时继承了口语、文字和电影的传统,它最大的长处就在于能够根据表达的需要选择和调配符号的组合方式,这使得人们在运用电视的多种符号进行表达的时候非常自由。因此,对于电视传播而言,实际上并不存在哪一种符号更加重要的问题,也不存在非要以哪一种符号为主的问题。

以前我们为了使电视脱离广播和报纸的影响而独立,曾经非常强调画面的地位。正如我们此前分析过的那样,画面的确在电视的符号构成中有着不可替代的作用,因为画面承载了大量的非语言符号。但是,以画面为主的说法是不准确的,因为,离开了画面就没有电视,而离开了声音,电视同样不能存在。

电视能够传递画面、声音、文字等多种信号,每一种信号中都可能既有语言也有非语言。而且非语言符号与语言之间还会产生复杂而有趣的种种关系:非语言符号携带的信息可能不需要任何语言来表达,但有时候又需要语言来加以限定和明确;非语言可能加强语言所传递的信息,也可以否定语言所传递的含义;二者甚至还可以传递显然不一致的信息但含义却保持一致。

就整体而言,我们说非语言符号是电视符号的主体,但在具体的语言句段中,既可能以画面为主,也可能以声音取胜。非语言与语言在电视符

---

① Television 中,Tele 的意思为"远距离",Vision 即"视觉、看到"之意。

号构成中的真正区别在于：非语言符号构成了电视符号的能指主体，而语言则构成了电视符号的所指主体。这两者之间并不存在孰轻孰重的问题，因为离开了任何一方，电视都将不成其为电视。

半个世纪前，麦克卢汉曾提出“媒介即信息”的著名论断，他认为一个新媒介的出现意味着将旧的媒介作为自己的内容。麦克卢汉的这一说法在这里以符号构成的方式得到了印证：如果把电视看做一种“新”的媒介的话，那么与其说这种新的媒介以旧的媒介（电影、广播、报纸）为内容，不如说是它把旧的媒介符号（比如表情、手势、口语以及文字等）转化为了自己的能指。

在传播符号的研究者看来，这样的问题其实根本就不是问题：“实际上，传播符号系统中的语言符号和非语言符号无所谓孰优孰劣，它们之间互相补充、互相渗透。”[①]对于电视，也许我们可以说，没有非语言，电视是不存在的；没有语言，电视是无法理解的。

二、报道与解释

1. 报道的重点

在电视新闻直播中，出镜报道声音部分的重点是记者用口头语言表达的报道词。如上所述，记者的口头报道不仅告诉观众关于新闻事件的确定信息，同时还明确和限定画面内容的相关意义。关于记者在现场的报道词该如何组织，在一般新闻写作的著作中都有很详细的说明，我们在第四章谈到叙述内容与新闻要素时也进行了相关的讨论，因此在这里就不再赘述，而只对报道词需要重点注意的几个方面略作探讨。

---

① 胡正荣：《传播学总论》，北京广播学院出版社 1997 年版，第 119 页。

从电视新闻直播的工作流程来看，记者在完成与演播室的衔接之后，就开始对事件进行报道。一般情况下，此时画面上会出现在现场拍摄完成并已传回电视台的新闻短片。在与这段画面配合的过程中，报道词完成了对事件的叙述和呈现。记者的报道词可能是提前写好并已配音的，也有可能由记者在直播画面的播放过程中读稿，在非常紧急的情况下，记者就只能看着画面直接进行解说和报道。

不管是哪种情况，记者在现场的报道词都需要符合新闻报道的一般要求，需要清晰、准确、简明，要将事件发生的地点、时间、人物、过程、起因、影响等新闻要素交代清楚。一般情况下，记者在出镜之前都会将报道词写好。报道词的写作以消息写作为基础，一方面既要按严密的逻辑顺序对即将报道的内容进行编码，另一方面又要顺畅浅白，有利于口语的表达。有的记者不太重视报道词的写作，他们非常相信自己的口头表达能力，结果在镜头面前却往往不知所云。在准备好报道词以后，记者站在镜头面前时就会更加自信。

记者在现场的报道词首先需要强调的一个新闻要素是地点。我们在前面已经多次谈到，电视作为空间媒介最大的传播优势在于能够通过直播，实现异地同时的信息共享。因此，一旦在空间上有文章可做，电视会不遗余力地强调这一点。而在电视新闻直播中，记者所处的现场对观众而言正是“异地”，因此，记者在报道一开始，就需要对自己所处的地点、具体位置、与事发地点的关系等与“地点”相关的情况进行详细介绍，以便让观众了解并感受到现场的环境和氛围。

在电视新闻直播中，记者一般不需要报道时间。由于报道、播出、收看是在同一个时间点上，因此不需要让观众意识到时间这一要素。当然，如果时间在报道内容中是一个有意义的、必要的因素，比如新年的钟声马上就要敲响，或者地震发生到现在已经多少小时了，等等，那么就需要进行强调报道。在一般情况下，刻意去提醒观众现在的时间是“几点几分”，反而会有“造假”的嫌疑，因为观众会怀疑这条报道是不是提前做好的“假现场报道”。

现场报道词的另一个重点是变动。新闻学中有“变动出新闻”一说，这种说法对于电视新闻直播仍然有效。变动就是各种新闻要素的变化，它是电视新闻吸引观众的主要原因。记者在现场报道中最重要的任务就是将刚刚发生的一些变化告诉观众。如果现场没有太多的变动，报道词才会横向延伸，去报道相关的背景，或是将会产生的影响。比如前面提到的 NBC 对高速公路枪击案的直播报道中，当现场一直是警察在搜寻弹壳，并没有什么实质性进展的时候，由于这时已是下班时间，报道词就将重点放在“影响”上，强调案件发生后，只是封闭了两条公路之间的连接线，并没有对高峰时段的交通产生太大影响。

在现场报道中，如果记者在现场有自己独到的发现，那么一定会成为报道词强调的内容。现在媒体的数量和报道能力较以往都有了很大提升，一旦有事件发生，多家媒体便蜂拥而至，因此，记者很难再有报道独家新闻的机会了。而随着媒体之间竞争越来越激烈，一般意义上的信息已经很难吸引观众的注意了。因此，在众多媒体争相报道一个事件时，一位记者如果在现场有独到的发现，往往就能在竞争中取胜。对别人没有强调过的元素进行强调，或者是有自己非常独特的观察角度，做出的报道往往就会非常有新意，只有这种报道才会有竞争力，才是电视新闻机构最希望发布的能够体现本台、本频道、本栏目特点和优势的新闻。

另外，报道词要与现场有密切的关联。一般来说，记者报道时所选择的背景都是与内容直接相关的，因此，在报道过程中也要有意识地将报道的内容与背景中的要素连接起来，才能更好地传递出现场感。如果报道词没有来自现场或者出现与现场的情形不相符合的情况，就会影响到新闻的可信度。在某一年的“两会”报道中，春寒料峭，冷风嗖嗖，话筒上都得套上红绒（红色防风罩为示喜庆隆重），记者们在天安门广场上脱掉大衣出镜时，一会儿就冻得嘴唇发紫。不料有一位记者在人民大会堂外报道时，拿起话筒就说“三月的北京，春意盎然”，一时传为笑谈。

2. 声音中的副语言

记者在报道的过程中除了要精心组织报道的内容，同时也需要注意自己的说话方式。人们说话的方式同所说的内容一样，传播着重要的信息。在口语交流中，除了语言要素之外，人们说话的声音中还附带着大量的非语言要素，这些伴随着口语而来的非语言要素被称为副语言。副语言一般包括“有声语言中的语音特征以及有声而无固定语义的功能性发声”①。记者在现场进行口头报道时的副语言也主要涉及这两类。

有声语言的语音特征主要包括声音中语气、语调、语速、音质、音量、节奏等要素。这些要素在口头交流的过程中传递着大量的“潜信息”，这些要素一旦发生变化，也会对意义表达和传播效果产生影响。记者在进行现场报道时，要对自己的语音要素进行良好的控制。一方面要根据现场的氛围和事态的进展，让自己报道时的声音与之合拍，这是整个报道在语音上的基调；另一方面在对事件的具体进展进行叙述时又要保持声音上的平实，要反映出新闻记者应该保持的客观、中立、平衡的态度，保持清晰、准确的叙述。记者在现场报道时的语气、语调等过于夸张或者过于平静都是不合适的。

功能性发声则指的是笑声、哭声、叹息等有明显感情色彩的声音。电视记者在进行现场报道时，这种没有固定语义的功能性发声一般要尽量

---

① 宋昭勋：《非言语传播学》，复旦大学出版社2008年版，第70页。

避免。一般来讲，记者在报道中不能表现得过于情绪化，过多的情感因素进入到报道中来就会影响新闻报道的客观性。不过，在一些突发事件的现场进行报道时，记者如果遇到紧急情况必然会产生本能的反应，这种真实的、直接源于现场的刺激而产生的情绪因素，体现在电视屏幕上就会让观众更加强烈地感受到现场的气氛。鲍伯·阿亚在《直播前 30 秒》中举过一个例子，一次他在报道龙卷风的时候，正好碰到风头扫过背后，在镜头前，他本能地喊了一句："该死的，快躲起来！"这种真实的反应将龙卷风的惊心动魄表现得淋漓尽致。

对于摄影师而言，记者在现场的口头报道属于同期声。在对记者报道的同期声进行录制时，还需要注意现场的同期声响，也就是现场声或者环境声。现场声的出现有时会明显干扰记者的口语表达，但有的时候，现场声的出现又能够加强报道的现场效果。因此，对现场声的使用要因地制宜。在报道之前，记者和摄影师就需要考虑现场声是否进入音频，现场声响音量的高低，有特点的现场声出现的时机，等等。总体而言，使用现场声的一个基本要求是不影响报道词的清晰度，同时又有利于现场气氛的传递。

3. 报道中的解释

在新闻报道中，每一个记者都有自己所处的立场、态度和价值取向，因而都不可避免对自己的倾向进行或隐或显的解释。电视新闻直播报道也不例外。正如意大利符号学者安伯托·艾柯所说，"现场直播从来都不是像镜子一样反映发生的事件，而总是——尽管有时只是在很小的程度上——对事件进行解释"。[①]

① 〔意〕安伯托·艾柯：《开放的作品》，刘儒庭译，新星出版社 2005 年 5 月版，第 150 页。

新闻传播是一种信息的呈现方式，是一种故事的讲述方式，但它同时也是一种组织体系，是一种国家力量，是一种文化传承。尤其是在对一些重大国际突发事件的报道中，这种特点就表现得更为明显。由于这些突发事件牵涉各国利益，各个国家的媒体在对同一事件进行报道时，都必然从本国利益出发来对这些事件进行解释，因此，即使是电视新闻直播报道也不可能完全“客观”。

CNN对海湾战争的电视直播令其声名鹊起，并使得电视新闻从此进入直播时代。然而，在对这场战争的大量直播报道中，CNN也有其自身的立场，即为美国加油呐喊。站在这样的立场上，CNN在这次享誉世界的直播报道中就必然对有利于美国的要素进行“解释”，使得人们在理解这场战争时产生其所希望的“倾向”，从而使得整个国际舆论向有利于美国的方向发展。

鉴于CNN的直播报道在全世界的影响力，美国军方还主动与CNN联手，通过CNN向其热心观众伊拉克总统萨达姆传递错误的信息，使萨达姆作出了错误的判断，加速了其在战争中的失败。美军还安排CNN记者参观其先进的武器装备并进行详尽的报道，着力渲染了美国方面强大的军事实力，一方面给多国部队的士兵打气，同时也给伊拉克军队造成了很大的心理压力，从精神上瓦解伊拉克军队的战斗力。因此，美国海军新闻局局长堪德尔·皮斯称赞CNN是“军事力量的放大器”[①]。这与CNN在报道中不遗余力地对其立场和倾向进行解释是分不开的。

但是，新闻报道中的解释与新闻评论不同，记者不能在报道中直接对事件发表自己的观点。以BBC、CNN为代表的西方媒体最惯常的做法是通过对新闻要素的选取与处理，将自己的立场、观点、倾向等融入其中。

① 王海涛：《战争与新闻成就彼此》，《中外企业家》2009年第5期(下)，第135页。

从表面上看，这些媒体的报道都以基本的新闻事实为基础，而且对事件牵涉的各方都有相应的报道，但在貌似“客观”、“公正”、“平衡”的报道中，其实隐含着大量对自己倾向的解释。

以 BBC 在“9・11”事件之后不久即爆发的阿富汗战争中所做的报道为例。BBC 在国际新闻传播业界有着良好的口碑，但这并不意味着 BBC 没有自己的立场。相反，在自己的报道中，BBC 非常善于运用新闻技巧来对事件进行合乎自己利益和价值观的解释。来看看 BBC 是如何在报道中表达自己的观点和立场的。

表 6—1

画　面	声　音
B52 机群飞过天空。 街道，天空中是 B52 的白烟。	【画外音】昨天下午，B52 在喀布尔上方飞过。这个破败的城市的人们正在紧张地等待。
威廉坐在工作台前，他突然意识到遭到轰炸，马上趴下来。	【画外音】这是我的同事威廉，当他在发稿子时候，这样的事情发生了！
手持拍摄的车外情景，检查站的塔利班人。	【画外音】美国的导弹彻底地摧毁了 BBC 驻地 50 米开外的大楼，我们别无选择地离开了，身后美军的打击还在继续。空空的喀布尔令人感到恐慌，我们被塔利班武装拦在这个检查站。他们对待敌人非常紧张。
喀布尔的清晨。 喀布尔的马路、警卫。	【画外音】在今天的凌晨，整个城市被严严实实地封锁了。在北边进城的路上，BBC 小分队继续前行。
面向镜头走动的记者，周围是喀布尔的市民。	【记者】我们正在走向喀布尔，我们周围没有任何问题，只有善良的人们，说着消灭塔利班。我们知道，我们走在这里，不会再有那么多的塔利班出现了。

BBC的这则报道是需要仔细分析才能领会其微妙之处的。在这则报道中，BBC对于美军的滥炸、误炸表现出不满甚至愤怒，但又只能无可奈何，“别无选择地离开”。同时，镜头前的记者又对不再有那么多“恐怖”的塔利班出现而感到庆幸。显然，这条报道对交战的双方(美国和塔利班)都“颇有微词”，这正是其“平衡”之处，也正好反映了英国在这次战争中作为美国“盟友”的真实心态。如果单看一条新闻，可能会觉得它客观、公正、平衡，但如果结合这条报道出现的时机、语境、国家利益、其他报道的内容等等因素来看，就会明白这家媒体要表达的真实意图是什么，站在镜头前的记者在向什么方向进行“解释”。

如果说在上述阿富汗的报道中倾向性表现得还不是非常直接，那么在与英国利益直接相关的事件中，BBC报道的倾向性就更为明显。比如1997年香港回归中国，对中国而言是举国欢庆的“好事”，但对于英国来讲，却是其作为殖民帝国的终结，是“日不落帝国”的落幕，是其国际形象的一次“危机”。作为英国利益的代言人，一向“客观”、“公正”的BBC在报道这次事件时所采取的方式是非常耐人寻味的。来看看BBC的记者在英国最后一任港督彭定康离港时所做的现场报道。

表6—2

画　面	声　音
英国军人吹响军号，镜头拉开，米字旗降落；彭定康近景	这是他准备良久的瞬间，当最后的号角响起时，总督彭定康艰难地抑制自己的情绪。
彭定康近景，市民观看的全景，交旗仪式	他必须离开这一城市，代表他个人的国旗将伴随这最后一任总督回国。
焰火	最后的帝国主义伴随着彻夜的烟花而结束。

续表

画　　面	声　　音
中国孩子,面部特写	将以中国公民身份成长起来的一代看着烟花,迷惘着。
即将离港的英国船只,镜头拉开,记者费·金入画。船只离港	今晚,英国将从我身后撤离。很难想象 100 多年前,英国人乘着木船绕过半个地球来到这里,那时,香港还只是个一片荒芜的小地方,那是英国艰难历程的开始,而它现在已成为对英国的奖赏。

从表面上看,这则报道符合"客观"、"公正"、"平衡"的原则,所有的报道词都来自于画面,所有的画面都来自现场。BBC 的记者在报道时好像也没有过分地表达其立场和意识形态,但如果我们稍稍对之做些分析,就会发现其中大有文章。

图 6—1

报道开始时,用彭定康表情的"落寞"(如图 6—1),引出英国国旗的"下落",将英国总督权力的终结"表情化"、"具象化",并与水兵的号声一起传达一种"哀而不伤"的情绪,这种情绪也成为整个报道的基调。接下来的一句报道词:"最后的帝国主义伴随着彻夜的烟花而结束",试问,这"彻夜的烟花"是谁放的,是为何而绽放?自然是中国政府为庆祝香港回归祖国的怀抱而燃放的,但 BBC 的报道却"移花接木",将其含义解释为给"最后的帝国主义"的"褒奖"。

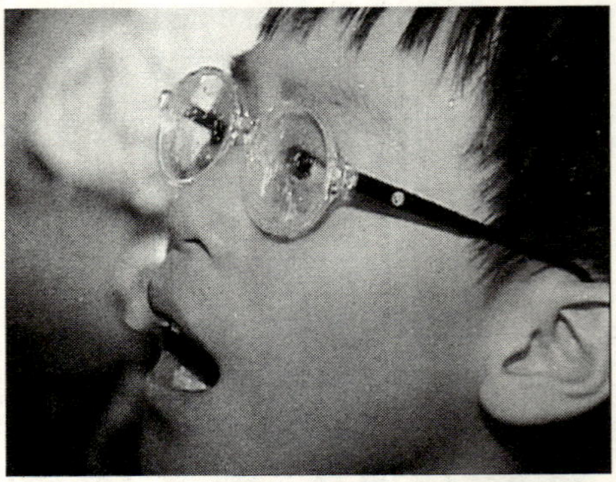

图 6—2

而接下来与中国孩子“表情”相配合的一句报道词则更富深意。画面上出现孩子的面部特写（如图 6—2）时，其“意义”被解释成“将以中国公民身份成长起来的一代看着烟花，迷惘着”。试想，烟花绽放时可供拍摄者选择的孩子是很多的，而即使是这个孩子的表情也有多个瞬间可以选取，但 BBC 的记者却独独选择了这个可以解释为“迷惘”的表情，这是为什么呢？显然，这并不是因为这个孩子真的有什么“迷惘”，而是要借孩子的表情具体而形象地解释和表达 BBC 记者的主观意图：英国主流社会对香港在中华人民共和国治下发展前途的疑惑和迷惘。由于画面来自现场，报道词又来自于对画面的解释，因此，在这种看似“客观”的“报道”中，这种“迷惘”就被“恰如其分”地“解释”成了孩子面部表情的意义。面部表情是非语言符号，其意义具有开放性，BBC 的记者将这种意义解释为“迷惘”，在一放即过的电视新闻中，观众是很难意识到其主观意图的。

非常明显，在这则现场报道中，尽管所有的要素都来自于现场，但对这些要素的选择和处理都是记者着意为之的，对这些要素的解释饱含了其欲说还休的意识形态和政治意图。不过，在了解这则报道的“意义”和“意图”的同时，我们也不得不承认，BBC 记者所做的解释是非常高明而巧妙的。貌似客观、公正、平衡，但却把自己的立场、想表达的意图以及背后的意识形态于无形之中表达得非常充分，不经过仔细体会，普通观众在一播即过的电视新闻中是很难察觉这些深层次的内容的，却已经于不知不觉中受到了影响。

与 BBC 的这种圆熟的技巧和巧妙的处理相比，我们的一些媒体在很多重大国际事件的传播中，还显得过于直接，太急于表达自己的意图，而不懂得尊重新闻操作的基本规律和相应技巧，不考虑受众的接受心理，因而往往自行其是，自说自话，最终导致传播效果上的弱化和接受心理上的逆反。其实中国传统文化非常强调“善假于物”，强调“借力打力”，这种传统还需要当今的传媒人好好地去体会和传承，在一些重大的国际突发事件发生时，才能从容不迫地在新闻报道中将国家立场、观点倾向充分表达出来。

下面是当年中央电视台对香港回归直播报道的一个段落，与 BBC 比较一下，看看有什么不同之处。

表 6—3

画　面	声　音
演播室	【罗京】各位观众，现在是 1997 年 6 月 30 日 23 时 14 分，我们将在这里和大家一起注视一个历史时刻的来临。 【敬一丹】在一个以 150 年岁月汇成的日子近在眼前的时候，我们突然感到，我们曾经激越的心情现在竟然是这样的宁静。我们好像看到此时此刻，城市村庄、山川田野，全都是那样庄严和肃穆。 【罗京】150 年，我们的前辈几乎承受了人类交往中所有的痛苦和屈辱，也爆发了愤怒的抗争，一代又一代不懈的奋斗。 【敬一丹】150 年过去了，透过香港，我们能看到中国发生的巨变，我们的祖国已经如此深刻地进入了今天的世界。今天，在世界瞩目香港、瞩目中国的时候，我们有理由表达一个走向强盛的民族至高无上的抱负：让地球上每一个民族、每一片土地都有和平安宁的生活。 【罗京】150 年过去了，透过就要到来的香港回归，我们看到，今天的世界完全能够以前所未有的理智和合作精神面对过去、现在和将来。

续表

画　　面	声　　音
演播室	【敬一丹】现在虽然已经进入了午夜，然而不夜的香港仍然是一片灯海，此刻，香港会展中心已经成为全球关注的焦点。好，请观众朋友同我们一起走进这辉煌的历史瞬间。
香港会展中心，记者中景，背景为主席台。	【李瑞英】各位观众，根据中英双方的协议，今天晚上，23 点 38 分，将举行香港政权交接仪式。这里就是交接仪式的现场。再过 20 多分钟，举世瞩目的香港政权交接仪式将要在这里隆重举行。我们从现在开始，向您现场直播这一仪式的盛况。 在这座海鸥展翅造型的建筑里，香港将进入一个新的历史纪元，正像这座建筑物第一次投入使用一样，香港将摆脱英国人的管制，第一次由港人自己管理自己。在这个金色的时刻，全世界的目光都聚焦香港，全中国人民也更加关注自己的香港。7 月 1 号，这个我们期待已久的日子，正向我们走来。

显然，在上面这段报道中，报道者也希望表达出一定的立场和倾向，但对立场和倾向的解释主要是通过一些形容词来体现的，比如“激越”（的心情）、“庄严”、“肃穆”、“海鸥展翅造型”（的建筑）、“金色”（的时刻）。而 BBC 的报道则通过对新闻要素的处理来对自己的立场和倾向进行解释，它主要体现为名词和动词，比如“国旗”、“烟花”、“迷惘着”。形容词是虚词，而名词和动词是实词，用虚词来表达就不如实词那么有力和实在。而且由于形容词表达的倾向性太直接，新闻报道需要尽量避免使用形容词，电视新闻更因为有具象的画面而不需要形容词来描述。看来，如何在“客观、公正、平衡”的报道中表达自己的立场、倾向，并体现出国家利益和价值取向，在这方面，我们的媒体还有很长的路要走。

三、镜前的采访

1. 镜前采访的功能

在电视新闻直播中，记者在现场进行报道时，往往还需要在镜前进行采访。与一般的电视采访相比，直播中的镜前采访对记者提出了更高的要求。电视新闻直播需要在事情发生后的最短时间内进行报道，这也就意味着留给记者搜集资料、了解情况的时间非常少。新闻事件的现场往往是非常混乱的，在这种情况下要找到合适的采访对象，设计出有针对性的提问，还要找到合适的采访场所，这些对记者来说都是巨大的挑战。因此，电视新闻机构一般都会派出那些经验丰富的记者去完成镜前采访的任务。

在纷乱、复杂且新状况不断发生的事件现场，记者要迅速完成对信息的判断与处理，灵敏地应对刚刚出现的变化，并高质量地完成即兴提问，不仅需要熟练掌握采访的技巧，也要对镜前采访在直播中的功能与要求有更为深入的了解。由于直播时代电视新闻的传播模式和叙述方式已经改变，镜前采访在电视新闻中的功能也有所变化。

首先，从内容构成的角度来看，镜前采访是电视新闻直播内容的重要组成部分。记者的报道以事实性的信息为主，通过采访提供给观众的则以意见性的信息居多。用叙事的观念来看，这种意见性的信息是电视新闻叙述中的“话语”，它能对事实性的叙述构成支撑。由于记者在新闻报道中不能直接对事件发表意见，这种意见性的信息就需要通过他人的口说出来，报道才会显得更为权威、可信。

其次，从叙述人称的角度来看，镜前采访是使电视新闻变得客观的重要方式。在连线的过程中，电视新闻直播的叙述过程会发生多次人称的转换。演播室的主播在向观众说话的时候，是以第一人称的方式出现的，是“我”在向“你们”播报新闻。当主播与现场的记者连线时，是“我”（主播）请“他/她”（记者）来向你报道现场的情况。记者在与主播对话的过程中是第三人称，而当记者在进行报道时，叙述人称转化为第一人称，即“我”在现场看到了什么，了解到了什么，并把相关的情况报道出来。当记者在镜前采访相关人士时，又是请“他/她”来讲所经历的、目击的或了解的情况，叙述人称又变为了第三人称。从表达效果上看，第一人称是主观的，第三人称是客观的，电视新闻直播就通过这种人称转换的方式，让报道变得更为客观。

再次，镜前采访是直接引入屏幕的人际交流，有利于加强电视新闻直播的现场感。镜前采访实际上就是记者与采访对象在现场进行的人际交流，这种交流的内容会围绕现场事件展开，而画面的背景又能显现丰富的现场信息，采访对象所讲的内容往往还会与背景中的要素结合起来，因此，镜前采访能够向观众传递更为强烈的现场感。

2. 镜前采访的要求

在了解镜前采访在电视新闻直播中所担负的功能之后，我们接下来看看镜前采访在实际的拍摄制作中应该注意哪些方面的问题，需要满足哪些方面的要求。我们通过一个例子来对这一问题进行讨论。

下面是凤凰卫视《连战大陆行》直播报道的另一个段落。当连战在北大演讲的直播结束之后，在北大现场报道这一事件的吴小莉立即请到了两位较为权威的时评人士：北京大学国际关系学院副院长贾庆国和台湾资深时事评论员陈凤馨，在北大校园里对他们进行了镜前采访，由他们对连战的演讲进行了分析和评论。

表 6—4

画　　面	声　　音
分屏： 左是演播室 偏右占屏幕三分之二的是“北京大学校园现场”，吴小莉入画做现场报道	【谢亚芳】小莉你在线上吗？ 【吴小莉】你好。 【谢亚芳】那现在连战他所在位置是在哪儿？他会先从哪儿开始参观？ 【吴小莉】事实上刚才连战，本来是听说要坐车，但是现在看起来整个参访团都是用走路的方式。刚才演讲结束之后，他就会从北大的办公楼大礼堂的后门，也就是西门的方向开始走，从右转，已经开始在走校园了，估计第一站他会到未名湖去。之后才会到静园一号看他母亲在北京燕大的这个宿舍。我们现在所看到的这个位置，整个车队到时候会从这里离开。也就是他在逛完校园之后，他会从北大的办公楼大礼堂的西门，从这里搭上车队离开。那我们待会儿就请到北大的国际关系的副院长。 【贾庆国】你好。
现场全屏，吴小莉采访北大国际关系学院副院长贾庆国	【吴小莉】先自我介绍一下。 【贾庆国】我是北京大学国际关系学院的副院长、教授贾庆国。 【吴小莉】贾庆国教授是北大国际关系学院的副院长，他对整个演讲，他是全程都听了。那可不可以请您谈一谈，您觉得这次连战的演讲，您自己心里的感受是什么？
推到贾庆国近景	【贾庆国】我觉得他讲得非常好，作为一个中国人，他到这个地方，阔别了很多年的地方，他有很多的感触。然后他拿出来跟我们一起分享，那么同学们，包括老师，都很受感动。当然他这次来，他也是有很大的勇气，表现出很大的勇气。因为台湾岛内，政治气氛并不是很好，在这方面。他主动到大陆来，来访问，来进行沟通，来探讨两岸和平、解决争端、共创未来的这样的前景。这是一个非常有勇气的做法。 　　那么我自己的感受就是我觉得现在两岸的和解，可能真的是在开始。另外一方面，两岸合作、共同反制“台独”，同时共创未来的这样一个契机，可能也正在到来。

续表

画　　面	声　　音
拉回到两人中近景:吴小莉采访贾庆国	【吴小莉】连战特别强调,这次他是和平互助双赢。你觉得怎么能够达到这一点?他在演讲中主要的解释也提到:能够维持现状,这是智慧的表现。您怎么看? 【贾庆国】我是觉得在现阶段,双方可以维持现在这样一种情况。但是双方都应该作努力,为统一的未来而作努力。这就需要双方加强沟通,在很多方面加强合作,而需要双方共同努力,不要让"台独"主导了两岸之间的互动。 【吴小莉】其实很多的人来过北大演讲,那您觉得连战的这场演讲,他兼具有一个什么样的意涵?有人说是幽默,也有内涵,您觉得呢? 【贾庆国】我觉得北大这个地方,确实是有很多尊贵的客人来。这个月可能有四五拨国家元首级的人来。但是呢连战先生的这次访问,确实引起大家高度的关注。为什么
推到贾庆国近景	呢?第一是我们中国人自己的事情;第二确实两岸之间的这种关系,在过去一段时间,也是大家非常非常关注的一个问题。如果两岸不能和平,这关系到整个中国的前途、中国的命运、中华民族的命运。所以他这次到访,从中央政府,到底下的普通民众,到我们北大的学子都是非常关心的。 【吴小莉】您也是著名的学者,您怎么看连战用这个过去和现在,比如说北大和台大这样的对比?比如说邓小平先生以及蒋经国先生这样的对比?然后讲到过去和现在,着重点是要忘掉过去,放眼现在跟未来。
拉回到两人中近景:吴小莉采访贾庆国	【贾庆国】我想对于过去,我们需要更好地去反思,从中吸取教训。但是我们不能因为过去有过冲突,有过矛盾,有过不同而放弃今后合作的努力。我觉得他讲得非常好,我想我个人认为他想忘掉过去那些恩恩怨怨,我觉得那些东西确实是应该淡化和忘掉的时候了。只有在这种基础上,
推到近景:吴小莉采访贾庆国	双方才能够更好地、心平气和地、理性地去对话,探讨这个双赢这样的各种各样的可能的途径,使得两岸能够在这种互动,两岸的老百姓在这互动中得到真正的好处,使中华民族能够在这种良性中,能够进一步发扬光大。

续表

画　　面	声　　音
	【吴小莉】我们知道事实上，在刚才演讲中，连战获得的掌声，在演讲本身就有十几次，接着后来的提问，而且在最后，演讲完之后的掌声，可以说有十几秒。这在北大历来几次的演讲当中呢，都算是什么样的纪录？ 【贾庆国】我觉得也是非常特殊的，北大的师生给予连战先生的这种访问，确实有非常大的热情。这次不光是掌声的次数很多，而且质量很好，非常响。我的耳朵有时候都被震鸣了。反正我是觉得他这次演讲，大家确实对他有很高的期待，而且他表现得非常好。北大师生，我的感觉是非常庆幸，他能到我们北大来演讲。 【吴小莉】你们的期待并没有失望，是不是？ 【贾庆国】我们没有失望，我们非常高兴。 【吴小莉】那最后一个问题想问您就是，您觉得这次这个连战主席到北大来，到北京来来访，您觉得它最大的意义？ 【贾庆国】我觉得连战先生到大陆，到北京来探访，我觉得它最大的意义，可能有那么几个方面。一、他使得国共两党，他们之间进行了第三次的握手。双方开始以一种新的这种姿态来共同协商、探讨未来，探讨未来的合作。二、他体现出两岸，至少在台湾内部相当一部分人，就是国民党所代表、所影响的一部分人，真正在跟大陆，跟自己的国家在进行和解。我想这次访问，他会使得两岸今后的沟通更加畅通，两岸这种互动更加积极和富有建设性。同时呢，这个也有助于改变过去一段时间里，由台湾的一些“台独”分裂主义者主导台湾的民意、媒体，主导台湾政治，台湾岛内的政治这样一种情况。我想两岸真正的这种建设性的和平的这种互动，正在到来。
镜头推到近景，吴小莉送走贾庆国后介绍陈凤馨，拉到两人中景	【吴小莉】非常谢谢贾院长接受我们的采访，谢谢你。我们刚才采访的是北京大学国际关系学院的副院长，贾庆国先生。同时呢我们在现场还邀请的是，来自台湾的一个媒体的资深媒体的观察家，也是一位时事评论员陈凤馨，有请陈凤馨。谢谢院长。 　　凤馨是全程听这次的这个北大的演讲，连战北大的演讲。你作为一个台湾媒体，跟台湾非常著名的时事评论员来说，您觉得他可以打几分？

续表

画　　面	声　　音
吴小莉采访台湾资深媒体人陈凤馨 两人中近景，推到陈凤馨近景	【陈凤馨】我其实在听的过程当中，觉得他真的是不断地在挑战钢索的一条极限。因为要有一番话，让两岸人民同时接受，既要表达台湾人民的立场，又比较要让大陆人民能够听得进去，并不是一件容易的事情。 　　那我观察他从南京一直到北京，他不断地在寻求两岸之间的那个连接点。在南京、在北京机场的时候，他的那个连接点是孙中山先生。而到了北京大学的时候，他的连接点是大陆地区的最佳学府北京大学，跟台湾的最高学府台湾大学，它们曾经有过一段非常特殊的历史连接，那就是北大有许多的师生，当时包括像傅斯年先生、像胡适之先生都到了台湾，然后成为台湾大学最主要的一段主轴。所以他用这种很特殊的历史的两岸连接，不断地要去连接两岸人民的情感，这个是个在情感方面所作的努力。那不过我觉得他真的挑战钢索的部分，其实是在自由主义的部分。他从胡适之先生的自由主义开始说起，然后接着点到了邓小平先生，以及蒋经国先生，在两岸都非常受重视的两位人物。然后提到他们在实用主义上面所作的努力。使得两岸人民在这个时候，达到了有史以来最高的富强，最高的富足，最大的繁荣。因为他认为这是两岸人民最值得走的路。对两岸和平的部分，他就以这两个人为例，他们曾经在历史的关键时刻，做出了关键的事情，然后使得历史作了一次大扭转。他认为两岸的趋势，就是这种和平的趋势，他相信是已经形成了。他当然是一个很谦虚的人，慢慢地想要暗喻他其实是希望像邓小平先生，像经国先生一样，在关键的时候，能够作出关键的决定。所以他说他勇敢地来这个地方。当然在台湾内部有不同的声音，但是他相信，他代表的是民意的潮流。就像他谈话的过程当中，我既看到了他对大陆的一个期许，我也听到了他对于台湾民众支持他来这一趟的一个自信，所以他引用了民调，说

续表

画　面	声　音
	台湾66%民众是支持他来大陆的。大陆地区的民众可能不是那么样子的清楚，在台湾大概55%就是一个相对多数、很难得的数字，能够有66%的民意所支持的一件事情，其实是非常非常困难的。所以他展现出来，他对于这一次来大陆，这一次行动，包括了他去年年底的选举，国民党的胜利，以及这一次的民意调查所显现出来的支持度。所以我觉得他用自信的方式，去走了一条非常难走的钢索之路。我不能讲打多少分，这个要回台湾了之后，可能台湾的民众会打分数。那我觉得这一个演讲是一个非常困难的演讲，但我很希望他能够对两岸的人民都能够发挥作用，就是以邓小平先生跟经国先生来作为我们的期许。他们关键时刻所作的关键决定，走的就是自由主义、实用主义的这条路。那这条路证明了，它是成功的，而且是有效果的。我希望真的对两岸的和平，都能够发挥他的作用。 【吴小莉】最后一个问题，事实上我知道你长期在采访连战的一些新闻，你对他是非常了解的，很多人觉得他平常给人木讷的感觉。但是今天的演讲还挺幽默的，您觉得这是他一贯的作风吗？听说他为了准备这次演讲，可以说是闭门苦思了好几个星期。 【陈凤馨】这里面有非常多的句子都是他自己的句子。那他私底下其实本来就是这么幽默的，我觉得他今天的态度上，有相当大的自信，所以他可以很自然地表达，相当地有幽默感。不过从另外一个角度来讲，台湾的政治人物，比较习惯在群众面前演讲、煽动，用非常激烈的肢体语言，非常激烈的语言去换取群众对他的回应。那么这样的环境对连战来讲，他就显得好像保守，好像木讷。可能来到了大陆呢，他这样的态度又似乎比很多的人士表现得似乎自然、亲切。那么从这个角度来讲的话，他在这个时刻刚刚好。
分屏： 左屏是演播室 右屏：北京大学现场的记者吴小莉做现场报道	【吴小莉】非常谢谢凤馨接受采访，谢谢。好的，我们在北大的采访也要进行到一个段落了。现在连战他们估计是已经在进行北大校园的参观，那我们稍候会赶到北京饭店，同时会赶到人民大会堂。在下午3点钟，连战就要跟胡锦涛会面。同时在晚上的差不多6点钟，就会有一个记者会。 【谢亚芳】好的，谢谢小莉来自北大的报道。

图 6—3

从实际采访和拍摄过程来看，这是一次较为匆忙的镜前采访。吴小莉在采访北京大学国际关系学院副院长贾庆国的时候，甚至还不知道对方的准确姓名和身份，只好由对方来自我介绍；摄制组也没有带采访话筒，只能让吴小莉用手指捏着纽扣话筒进行采访（如图 6—3），在画面上看起来就显得不够大方和庄重。好在吴小莉是一位经验丰富的记者，对现场出现的这些情况能够较为从容地应对，并即时提出了非常有针对性的问题，用镜前采访的方式完成了对连战大陆行的这场重头戏的分析和评论。

这段镜前采访的具体过程不仅显示出直播对电视记者带来的挑战，也提示我们在直播中完成镜前采访时需要注意以下几个方面的问题，才能更好地发挥镜前采访的功能，满足电视新闻直播的要求。

首先，采访内容要与现场紧密联系，记者所提的问题要能对事实性的信息起到支持、说明、解释、强调等作用。由于现场采访时间紧张、准备仓促，记者很难提出有针对性的问题，往往就会请采访对象谈谈感受、说说印象，对方也就可以漫无边际地回答。在上面这段采访中，吴小莉的提问是比较有针对性的，对北大国际关系学院副院长贾庆国的提问比较正式，主要问的是此次演讲的意义及内涵，而对台湾资深时评人士陈凤馨的提问则较为轻松（如图 6—4），问的是给连战打几分。这种提问的方式也非常贴合采访对象的身份，从中也可以看出吴小莉的经验与水平。

图 6—4

其次，要恰当地选择采访对象。一般来说，在事件现场选择采访对象时，一般按照这样的顺序排列：事件的亲历者、现场的目击者、知情人、权威人士。当然，一个采访对象可能同时兼具多种角色。对于要完成现场报道的记者而言，最重要的莫过于找到事件的亲历者和目击者了，他们可以提供最重要的信息，给你讲述在这一事件中究竟发生了什么。知情人和权威人士则可以提供一些事件背后的相关信息，可以对事件的原因和影响进行分析。有时候，记者在现场报道时也会在街头进行随机采访，这种采访的针对性不强，主要想呈现的是大众对某一事件或现象的反应。吴小莉在上面这个采访段落中选择的采访对象一个来自北大，一个来自台湾，这与连战大陆行所涉及的双方形成了映照，应该说是非常好的选择。

最后，镜前采访时要合理运用镜头语言，要与前后内容衔接顺畅。镜前采访涉及记者与采访对象二者在画面上的呈现，在采访之前，摄像师需要周密考虑记者和采访对象的视觉呈现方式，比如是否要入画、出画，镜头是否需要运动，与前后的内容如何衔接等等。在上面这个采访段落中，由于时间仓促，摄像师在北大校园里选择了一棵分岔的树作为背景，这不仅传递不出任何的现场信息，也不利于画面的构图，这种选择是不太理想的。不过在采访的过程中，摄像师用镜头的推拉来实现采访对象的入画和出画还是比较到位的，这样就使得整个采访过程在画面上看起来较为流畅和自然。

结　语

到这里，本书对电视新闻直播报道的探讨要告一段落了，而对整个中国电视新闻业来说，直播引发的真正变化以及真正意义上对直播的关注和研究才刚刚开始。

在本书的几个章节中，我们对电视新闻直播的观念与语态、结构与模式、流程与环节、叙述与呈现、出镜与调度、报道与解释等几个方面进行了讨论，这些讨论更多地着眼于电视新闻直播的内在机制与规律，对与电视新闻相关联的外部条件和制约因素较少论及。而一个电视新闻从业人员如果对这些外部因素了解不够，即使掌握了上述内在规律与操作技巧，也很难真正驾驭好直播。

我们前面谈到，直播对电视新闻一线的从业人员带来了极大的挑战，其实对电视新闻机构的管理者和决策者而言，直播带来的压力更大。录播时代，电视管理者和决策者可以在审片之后决定节目是否播出，直播时代已经不再有传统的审片环节和过程。由于采编播一体化，报道和播出在同一时间完成，使得电视管理和决策者面临前所未有的风险。

由于电视新闻直播具备的特殊优势，在对一些突发事件的报道中，电视成为最受关注的媒体。如何将直播报道控制在一个合适的范围之内，则成为电视管理者和决策者需要面对的更重要的课题。在信息传播已然全球化的今天，随着媒介传播能力的提升，新闻事件的影响范围加大，很多突发事件都成为具备国际影响的大事件。在面对突发事件时，如果电视新闻直播报道不当，往往就会对事件进展产生不利的影响，甚至一个国家的形象都因此而受到牵连。

举个例子。2010年“8·23香港游客在菲律宾遭劫持”事件中，事态和媒体同时失控。在劫持事件的关键时刻，媒体还在不停地对劫匪进行采访，菲律宾TV5电视台主持人厄尔·多夫和RMN电台主持人罗加斯最后时刻跟劫匪电话连线，延误了警方与之谈判的时间，导致形势恶化。劫匪甚至能够通过车载电视直接了解到警方在现场的力量与布置，当听到其弟受到控制，终于丧心病狂地开枪射杀被其劫持的香港游客。在这次危机事件中，媒体本身成为危机事件的搅局者，媒体的直播报道不仅“过度”，而且“越位”，最终导致了极其严重的后果。无论是政府、警方还是媒体，都应该从这次事件中吸取惨痛而深刻的教训。

在前面我们还谈到了直播时代电视记者应该具备的种种能力，以及在直播过程中需要完成的各项工作。而对于一位站在镜头前的记者来说，现场的随机应变比什么都重要。一个电视记者在镜头前如果不能很好地应对一些突发的状况，就很难真正胜任自己的角色。当然，这种随机应变既需要智慧，也需要经验。

在我们曾经举过的《央视连战大陆行直播》这个案例中，有一个小的段落反映了这一点。现场记者张泉灵在与主播白岩松连线的过程中，身后参访团的车突然要开走，报道组不得不让开位置。下面是直播过程中二人的对话：

【张泉灵】我们现在要稍微挪一下位置，我们现在看到车队马上就要启动了，我们稍微挪一下位置。

【白岩松】你需不需要暂停一下？还是我们的连线可以继续进行？

【张泉灵】我们现在可以继续进行，现在整个参访团的人出来，所以我们刚才站的那个位置可能挡住了车队的前进。

【白岩松】不能挡住人家去寻找母亲曾经住过地方的这种急迫的心情，所以我们应该让一个地方。

而当张泉灵刚刚挪开位置继续进行连线报道的时候，看到参访团成员陆续从她身边上车离开，演播室的白岩松立即让张泉灵在现场采访参访团成员：

【白岩松】泉灵，泉灵，是否可以拉住一个访问团的成员，直接问一下他对刚才演讲的感受？

【张泉灵】可以。他们这辆车要走，我们还可以找到其他的。能采访一下你们，谈谈对刚才演讲的感受吗？

应该说，面对现场的突发状况，主播白岩松和记者张泉灵运用自己的经验和智慧，在非常仓促的情况下，应对得较为得体，也体现出他们良好的应变能力和新闻素养。

对于刚刚进入这个行业的年轻人来说，要在直播的过程中做到随机应变则不是一件容易的事情。每一次直播报道都是一次跟时间的赛跑，对于没有太多经验的年轻人来说，往往意味着失误接着失误，犯错加上犯错，但是，好的新闻人正是在一次又一次的失误中成长起来。失误的确要尽量避免，但失误并不可怕，而且有的时候，失误也未必一定是坏事。年轻的电视从业者要用一种良性的心态来面对失误，才能逐渐在这个行业中找到自信。

在这方面，我的一次拍摄经历也许可以作为一个注脚。

好几年以前，我们去澳大利亚拍摄新英格兰大学校长。她是德国人，在大学期间跟澳大利亚留学生约翰结了婚，毕业不久即跟随丈夫来到陌生的澳大利亚。那个年代空运尚不发达，他们坐海轮穿过马六甲海峡南下，在夹板上拍的照片里，年轻的英格丽特时尚而迷人。女校长在镜头前回忆刚来悉尼的情形时温情脉脉，我们说到悉尼一定要拍一些好的空镜头才能跟这段采访般配。

到悉尼的第二天下午，我们搭过海的轮渡去情人港拍空镜。海风扑面，歌剧院像慢镜头一样缓缓在视野里出现，摄像师拍得热情高涨。离船登岸时已是暮色四合，歌声传来，一位戴贝雷帽的女郎弹着吉它唱着忧伤的情歌，前景里行人匆匆，背景中云蒸霞蔚，歌剧院直如画在蓝天碧海里，真是再漂亮不过的空镜了。

回到宾馆我们才知道，由于那会儿拍得太忘情，天色渐暗时，摄像师竟然忘了重新调整摄像机的白平衡，结果蓝天碧海歌剧院在屏幕上全都变成了一色的浅蓝，唱歌的女郎也变成了小蓝人儿。第二天一早我们就要赶飞机回国，镜头不可能重拍了，这段空镜于是成了一次无法弥补的失误。

不过没想到的是，这段前期技术失误的镜头后来却成了剪辑师的最爱。浅蓝的色调、忧伤的歌声配上解说，讲述英格丽特离乡来澳时无所适从的心情，真是再合适不过了。每次剪到这儿，剪辑师都会拍拍桌子说，“这小蓝人儿，太好了，都不用调色！”

参考文献

1. 〔美〕鲍勃·阿亚:《直播前30秒》,黄丽莎译,新华出版社2000年版。
2. 宋昭勋:《非言语传播学》,复旦大学出版社2008年版。
3. 〔美〕爱德华·霍尔:《无声的语言》,何道宽译,北京大学出版社2010年版。
4. 王纬:《镜头里的"第四势力"》,北京广播学院出版社1999年6月年版。
5. 孙玉胜:《十年——从改变电视的语态开始》,生活·读书·新知三联书店2003年8月版。
6. 刘习良:《中国电视史》,中国广播电视出版社2007年版。
7. 朱羽君、王纪言、钟大年:《中国应用电视学》,北京师范大学出版社1993年版。
8. 朱羽君:《现代电视纪实》,北京广播学院出版社2000年版。
9. 朱羽君、殷乐:《生活的重构——新时期电视纪实语言》,北京广播学院出版社1998年版。
10. 朱羽君、殷乐:《生命的对话——电视传播的人本化》,中国电影出版社2002年版。

11. 叶子、赵淑萍:《电视采访学》,北京师范大学出版社 2000 年版。
12. 赵淑萍:《电视节目主持》,北京师范大学出版社 1999 年版。
13. 〔瑞士〕费尔迪南·德·索绪尔:《普通语言学教程》,高名凯译,商务印书馆 1980 年版。
14. 〔美〕罗伯特·C·艾伦:《重组话语频道》,麦永雄、柏敬泽等译,中国社会科学出版社 2000 年版。
15. 〔法〕马赛尔·马尔丹:《电影语言》,中国电影出版社 1980 年版。
16. 〔法〕克里斯丁·麦茨等:《电影与方法:符号学文选》,李幼蒸译,生活·读书·新知三联书店 2002 年版。
17. 彭吉象:《影视美学》,北京大学出版社 2002 年版。
18. 〔美〕威尔伯·施拉姆、威廉·波特:《传播学概论》,陈亮、周立方、李启译,新华出版社 1984 年版。
19. 〔德〕马丁·布伯:《我与你》,陈维纲译,生活·读书·新知三联书店 2002 年版。
20. 〔德〕恩斯特·卡西尔:《人论》,甘阳译,上海译文出版社 2003 年版。
21. 王怡红:《人与人的相遇——人际传播论》,人民出版社 2003 年版。
22. 〔美〕迈克尔·E·罗洛夫:《人际传播社会交换论》,王江龙译,上海译文出版社 1997 年版。
23. 〔德〕海德格尔:《在通向语言的途中》,孙周兴译,商务印书馆 2004 版。
24. 〔法〕罗兰·巴尔特:《符号学原理》,李幼蒸译,三联书店 1988 年版。
25. 〔意〕翁贝尔托·埃科:《符号学与语言哲学》,王天清译,百花文艺出版社 2005 年版。
26. 〔法〕A. J. 格雷马斯:《结构语义学》,蒋梓骅译,百花文艺出版社 2001 年版。

27. 〔美〕莫里斯：《指号、语言和行为》，罗兰等译，上海人民出版社 1989 年版。
28. 李彬：《符号透视：传播内容的本体诠释》，复旦大学出版社 2003 年版。
29. 〔美〕阿瑟·阿萨·伯杰：《媒介分析技巧》，李德刚、何玉译，中国人民大学出版社 2005 年版。
30. 萨姆瓦等：《跨文化传通》，陈南等译，三联书店 1988 年版。
31. 〔澳〕阿伦·皮斯：《身体语言》，贾宗谊、卢爱君译，新华出版社 2005 年版。
32. 关世杰：《跨文化交流学》，北京大学出版社 1995 年版。
33. 〔法〕罗兰·巴特：《显义与晦义——批评文集之三》，怀宇译，百花文艺出版社 2005 年版
34. 〔美〕特里·伊格尔顿：《文学理论引论》，明尼苏达大学出版社 1983 年版。
35. 《当代西方电影美学思想》，中国社会科学出版社 1986 年版。
36. 查特曼：《故事与话语》，康奈尔大学出版社 1978 年版。
37. 巴尔：《叙事学》，多伦多大学出版社 1985 年版。
38. 〔法〕罗兰·巴特：《叙事作品结构分析导论》，见《叙述学研究》，中国社会科学出版社 1989 年版。
39. 胡亚敏：《叙事学》，华中师范大学出版社 1994 年版。
40. 安·杰斐逊：《西方现代文学理论概述与比较》，陈昭全等译，湖南文艺出版社 1986 年版。
41. 〔苏〕巴赫金：《陀思妥耶夫斯基诗学问题》，钱中文主编：《巴赫金全集》，河北教育出版社 1998 年版。

42. 沈华柱:《对话的妙悟——巴赫金语言哲学思想研究》,上海三联书店 2005 版。

43. 〔加〕马歇尔·麦克卢汉:《理解媒介——论人的延伸》,何道宽译,商务印书馆 2000 年版。

44. 〔美〕约翰·费斯克、约翰·哈特雷:《解读电视》,郑明椿译,台湾远流出版社 2002 年版。

45. 〔英〕大卫·麦克奎恩:《理解电视》,苗棣等译,华夏出版社 2003 年版。

46. 〔美〕斯蒂文·小约翰:《传播理论》,陈德民、叶晓辉译,中国社会科学出版社 1999 年版。

47. 〔美〕梅尔文·德弗勒、〔英〕埃弗雷特·丹尼斯:《大众传播通论》,颜建军等译,华夏出版社 1989 年版。

48. 〔法〕让—诺埃尔·让纳内:《西方媒介史》,段慧敏译,广西师范大学出版社 2005 年版。

49. Asa Briggs and Peter Burke, *A Social History of The Media*, Polity Press, Blackwell Publishing Ltd., 2002.

50. *Media Studies: A Reader*, edited and introduced by Paul Marris and Sue Thornham, Edinburgh University Press, 1997.

51. 〔意〕安伯托·艾柯:《开放的作品》,刘儒庭译,新星出版社 2005 年版。

52. 〔美〕尼尔·波兹曼:《娱乐至死》,章艳译,广西师范大学出版社 2004 年版。

53. 〔美〕保罗·莱文森:《数字麦克鲁汉》,何道宽译,社会科学文献出版社 2001 年版。

54. 〔俄〕普洛普:《民间故事形态学》英译本,得克萨斯大学出版社 1986 年。

55. 〔美〕约翰·布雷迪:《采访技巧》,新华出版社 1986 年版

56. 胡正荣:《传播学总论》,北京广播学院出版社 1997 年版。

57. 张国良:《20 世纪传播学经典文本》,复旦大学出版社 2003 年版。

58. 刘润清:《西方语言学流派》,外语教学与研究出版社 2002 年版。

59. 赵毅衡:《符号学文学论文集》,百花文艺出版社 2004 年版。

60. 〔英〕特伦斯·霍克斯:《结构主义和符号学》,瞿铁鹏译,上海译文出版社 1997 年版。

61. 〔法〕皮埃尔·布尔迪厄;《关于电视》,许钧译,辽宁教育出版社 2000 年版。

62. 陆扬、王毅:《大众文化与传媒》,上海三联书店 2000 年版。

63. 〔德〕齐格弗里德·克拉考尔:《电影的本性》,邵牧君译,中国电影出版社 1981 年版。

64. 〔法〕安德烈·巴赞:《电影是什么?》,崔君衍译,中国电影出版社 1987 年版。

65. 〔美〕尼葛罗庞帝:《数字化生存》,胡泳、范海艳译,海南出版社 1997 年版。

66. 〔美〕保罗·莱文森:《手机》,何道宽译,中国人民大学出版社 2004 年版。

67. 〔美〕唐·休伊特:《60 分钟:黄金档电视栏目的 50 年历程》(*Tell Me A Story: Fifty Years and 60 Minutes in Television*),马诗远、林洲英译,清华大学出版社 2004 年版。

68. 殷陆君:《人的现代化》,四川人民出版社 1985 年版。

69.《现代传播》、《电视研究》、《南方电视学刊》、《中国记者》、《读书》等杂志。

70. 中华传媒网、央视国际等网站。

图书在版编目(CIP)数据

电视新闻直播报道:现场的叙事/崔林著. —北京:中国传媒大学出版社.2012.4
ISBN 978-7-5657-0452-9

Ⅰ.①电… Ⅱ.①崔… Ⅲ.①电视新闻—现场直播 Ⅳ.①G222.2

中国版本图书馆 CIP 数据核字(2012)第 042297 号

电视新闻直播报道:现场的叙事

作　　者	崔　林
责任编辑	王雁来
责任印制	张　玥
封面设计	阿　荣
出 版 人	蔡　翔
出版发行	中国传媒大学出版社
社　　址	北京市朝阳区定福庄东街 1 号　邮编:100024
电　　话	86—10—65450528　65450532　传真:65779405
网　　址	http://www.cucp.com.cn
经　　销	全国新华书店
印　　刷	北京中科印刷有限公司
开　　本	730×988mm　1/16
印　　张	14.5
版　　次	2012 年 5 月第 1 版　　2012 年 5 月第 1 次印刷
书　　号	ISBN 978-7-5657-0452-9/G·0452　**定　价**　38.00 元